Chinese Grammar Made Easy
对外汉语语言点教学 150 例

主编：　　白建华

副主编：（按姓氏拼音排序）

刘　芳	吴凤涛	姚瑜雯
张和生	张　锦	张美青

参加编写人员：（按姓氏拼音排序）

白建华	曹贤文	詹秀嫺	陈　彤
陳紋慧	崔海燕	郭荔娟	廖建玲
刘　芳	刘孟君	齐少艳	汝淑媛
王苗苗	王友惠	吴凤涛	楊玉笙
姚瑜雯	张和生	张　锦	张美青
朱　波	朱　俐		

Editor-in-Chief: Jianhua Bai

Editors: (The names are alphabetically ordered.)

Fang Liu	Fengtao Wu	Yu-wen Yao
Hesheng Zhang	Jin Zhang	Meiqing Zhang

Contributors: (The names are alphabetically ordered.)

Jianhua Bai	Xianwen Cao	Hsiu-hsien Chan	Tong Chen
Wen-hui Chen	Haiyan Cui	Lijuan Guo	Jianling Liao
Fang Liu	Mengjun Liu	Shaoyan Qi	Shuyuan Ru
Miaomiao Wang	Youhui Wang	Fengtao Wu	Yu-sheng Yang
Yu-wen Yao	Hesheng Zhang	Jin Zhang	Meiqing Zhang
Bo Zhu	Li Zhu		

Chinese Grammar Made Easy
A Practical and Effective Guide for Teachers
对外汉语语言点教学 150 例

主编　Editor-in-chief

白建华　Jianhua Bai

副主编　Editors

刘　芳　Fang Liu

吴凤涛　Fengtao Wu

姚瑜雯　Yu-wen Yao

张和生　Hesheng Zhang

张　锦　Jin Zhang

张美青　Meiqing Zhang

(alphabetically ordered)

Chinese School, Middlebury College

Yale University Press

New Haven and London

Copyright © 2009 by Yale University.

All rights reserved.

This book may not be reproduced, in whole or in part, including illustrations, in any form (beyond that copying permitted by Sections 107 and 108 of the U.S. Copyright Law and except by reviewers for the public press), without written permission from the publishers.

Publisher: Mary Jane Peluso

Project Editor: Timothy Shea

Production Editor: Ann-Marie Imbornoni

Production Controller: Karen Stickler

Printed in the United States of America.

ISBN: 978-0-300-12279-4

Library of Congress Control Number: 2007942529

A catalogue record for this book is available from the British Library.

The paper in this book meets the guidelines for permanence and durability of the Committee on Production Guidelines for Book Longevity of the Council on Library Resources.

10 9 8 7 6 5 4 3 2

Contents

主编： 白建华

副主编：（按姓氏拼音排序）

刘　芳　　吴凤涛　　姚瑜雯
张和生　　张　锦　　张美青

参加编写人员：（按姓氏拼音排序）

白建华　　曹贤文　　陈　彤　　陳紋慧　　崔海燕
郭荔娟　　廖建玲　　刘　芳　　刘孟君　　齐少艳
汝淑媛　　王苗苗　　王友惠　　吴凤涛　　楊玉笙
姚瑜雯　　詹秀嫻　　张和生　　张　锦　　张美青
朱　波　　朱　俐

Acknowledgements

With the publication of this book my co-authors and I want to thank many people who have supported and encouraged us during the past few years when we worked on the project. We would like to thank the following colleagues for reading the manuscript and offering their valuable comments and suggestions: Juyu Sung and her students of Chung Yuan Christian University, Jian Guan of Nan Kai University, Ling Ding, Xue Li, and Li Xu of Beijing Normal University, and Amy Shen of the Chinese School of Middlebury College. Our thanks also go to Kun Feng, Fang Liu, Mengfei Qi, and Pengyu Zhao for their typing, formatting, and other editorial assistance. We would also like to thank Xiaoxia Hu, Jing Wang, Wu Lan, and many other teachers of the Chinese School of Middlebury College for their contribution at the early stage of this project. Our special thanks go to the reviewers of our book: Cornelius Kubler of Williams College, Carolyn Lee of Duke University, Shou-Hsin Teng of National Taiwan Normal University and Scott McGinnis of the Defense Language Institute for their encouragement and insightful comments. Last, but not least, we express our sincere gratitude to Mary Jane Peluso, Brie Kluytenaar, Elise Panza and Ann-Marie Imbornoni of Yale University Press for their valuable comments, strong support, and constant encouragement and professional guidance.

Jianhua Bai

Professor of Chinese, Kenyon College

Director, Chinese School, Middlebury College

前 言

在把汉语作为外语的教学中，教学语法的最新研究成果发挥了重要的作用。教学语法的恰当运用，使汉语教学在纷繁的语言现象中有规律可循，从而让教与学变得更为便利。

教学语法是在理论语法的研究基础上发展起来的，它不仅关注语法结构，同时也关注语义、语用与教学，特别是关注与学习者相关的因素。

在课堂教学实践中，为帮助学习者建立语法概念，我们有必要把我们的研究计划向前推进，从教学语法转向语法教学。换言之，也就是更系统地研究教学法方面的问题。我们需要解决以下问题：在学习者不同的学习阶段，怎样清晰、有效地介绍语言点；应该运用怎样的技巧来帮助学习者练习并最终熟练掌握语法、词汇的使用；教师应该如何搭建相应的语言操练平台，促使学习者在交际情境中有意识地运用语法规则；在学习过程中，语言点应该于何时、何处进行介绍；怎样促使学习者通过语言点的学习，使其对语言的理解、使用能力螺旋式上升，不断达到一个新的高度。

在过去的三年中，明德大学中文暑校的老师们组成了一个团队，就以上问题开展了一项以实际教学为依据的研究，目的是为中文教师更好地了解交际情景下汉语语法的教与学提供方便，而《中文教学语言点 150 例》就是我们的研究的成果。根据我们所得到的反馈，我们有理由相信，本书能为从事汉语作为外语教学的老师提供一定的帮助。本书是一本以应用研究为基础，力求方便使用者的教学参考书。希望此书不仅能帮助中文教师思考其语法教学是否有效，同时又能在较为翔实的语言点教学个案做出选择。

《对外汉语语言点教学 150 例》一书有若干特点。首先是书中的语言点都是经过精心挑选的。我们之所以用“语言点”一词，是因为“语言点”较“语法点”含义更广泛。“语言点”既包括语法句型，也包括词语的使用。150 个语言点的确定，一是依据我们多年的教学经验，二是参考了多部被广泛使用的汉语教科书，三是充分吸收当前教学语法和课程设置方面的最新研究成果，如对外汉语教学初级阶段语法大纲。我们力求所选择的语言点是最基本、最常用的，是学生要有效完成汉语交际所必需掌握的。

追求“精讲多练”编写原则，是本书的另一个特点。一个语言点往往有多种含义、多种用法，而我们只选择其中最重要一两项进行介绍和操练。我们设计了多种操练方式，以期帮助学生通过反复练习直至掌握。我们认为，任何外语都只能在用中学，而检验教学是否有效的标准是学生能否积极主动地使用所学语言。研究证明，反复练习不仅是量变，更会引起质变。也就是说，在语言学习中，反复练习不仅能够提高学生表达时的流利程度，同时可以帮助学生逐步掌握语言规则。我们遵循的另一个编写原则是，不偏重于对语法结构形态的解释，而更多的关注如何搭建一个平台，帮助学生掌握语法点的意义、功能和实际运用。从输入阶段的加强，到输出阶段训练过程的每一步，我们都力求确保学生在做有目的、有意义的沟通交流。最新研究成果显示，最初阶段的讲授如果有效，不仅可以加深学习者对语法的了解，更有助于他们对语法句型的长期记忆。对语言点的介绍，传统的做法是通过翻译进行，而我们遵循的教学原则是，帮助学生在互动过程中，通过有意义的对话领悟、掌握某个语言现象。我们设计的教学方法是，让学生在练习新的语言点时，把重点放在与他人沟通交流上。我们坚信我们应该引导学生在交流的中建立起对语法的认识。

精心设计教学步骤，也是本书的一个突出特点。认知心理学研究发现告诉我们，学习者通常都得经历由受控到自由发挥的过程。学习者在初学阶段，对新的语法句型或词语的接受能力是有限的。我们的语法教学法的基本指导思想是学习应该由浅入深。是一个从有控制、有情景的机械性练习，到开放式任务型活动的过程。针对每一个语言点，我们都为教师精心设计了一些讲授技巧，以方便教师运用这些技巧帮助学习者了解并培养正确使用语言点的能力。每个语言点均分为两部分：第一部分为教师须知，即对语言点进行解释。第二部分为课堂操作，包括具体操作方法与步骤。

在“教师须知”中，我们尝试通过列表对语言点进行简明扼要、通俗易懂的解释。我们不但指出语言点的结构特征，同时也对语言点的语义、语用进行说明。我们的解释除了以已有的教学语法成果为根据以外，还加入了我们自己最新的发现和理解。“教师须知”只是为教师提供教学参考，使教师对语言点有更清晰的了解。使用者在教学中不应对语言点进行逐字逐句的讲解，而应该按照课堂操作程序进行讲练。

“课堂操作”部分为教师提供了步步深入的课堂操练方法，目的是为了让教师能够帮助学习者学习如何有目的、有意义地使用所学的语言点。所有语言点的介绍都是在特定语境下完成的。导入部分的设计就是为了帮助学生不仅了解语言点的结构，同时也了解在完整的交际情景下该语言点的语义和语用。我们为每个语言点都提供一个教学释例，用以说明如何以讲带练，用合理的“句情”带出句型。使用者可以参考所提供的例子，根据自己的实际情况设计自己的教学任务和适合自己学生的教学活动。在编写“导入”部分时，我们设定的教学对象是全封闭式强化训练下的明德大学中文暑校的本科及研究生。本书的使用者应该根据自己的实际情况做出相应的调整。例如，如果学习者较为年轻，或者学习环境不同，教师应调整教学程序和所问的问题，以适应学习者的特点。

我们认为语法的掌握靠的是有效的重复操练。在最初的介绍完成之后，为了加强学习者对语言点的了解和掌握，我们设计了一系列的练习活动。这些活动从有控制的快速操练到比较开放的任务型交流。操练里的内容、技巧和活动设计都是在充分考虑了各学习阶段学习者的需要和兴趣后完成的。语言点的练习活动适合大学一到四年级不同语言水平的学习者使用。老师应从中为自己的学生选择最为合适的练习。例如，为中级水平的学生选择的问题以日常生活或与其有关的事情为宜，而需要进行抽象思考的高难度问题或社会话题，如有关经济或者经济对于环境保护的影响等问题的讨论，显然就不适合中级水平的学生使用。

《对外汉语语言点教学 150 例》记录了我们在汉语语法教学中的探索，即如何在有意义的交际环境中教授和学习语言点，以及怎样实施行之有效的教学技巧与方法。我们希望本书能成为中文教师课堂教学中的一个有用的工具。同时，我们也希望与学界同仁在语法教学法的革新与效用方面一同作进一步的探索与研究，因为对于汉语作为外语的教学来说，这是一项极为有意义的工作。

Introduction

Recent developments in the pedagogical grammar of Chinese as a foreign language (CFL) have played an important role in facilitating the teaching and learning of CFL grammar. Pedagogical grammar is based on the findings of theoretical grammar. It not only deals with the formal analysis of the structural properties but also describes the functional and pragmatic aspects of language use. Furthermore, it considers learner-related factors. Yet, in order to provide the optimal learning conditions for students to develop grammatical awareness, teachers of Chinese must move their research agenda forward from pedagogical grammar to grammar pedagogy, that is, consider the pedagogical issues more systematically. This book addresses the following curricular and pedagogical questions: what are the best techniques to present grammar patterns clearly and effectively to learners at different stages of their learning process? What techniques should be employed to help learners practice grammar and word usage so that they can be effectively learned? How can teachers scaffold to engage learners to apply grammar rules meaningfully in communicative contexts? When and where should these grammar items be introduced and spiraled in a course of study? In the past four years we have led a team of teacher-researchers at the Chinese School of Middlebury College working on the above issues in a process-oriented action-research project, a systematic process of inquiry that helps CFL teachers understand more about the teaching and learning of Chinese grammar in a communicative context. This book came out of the three-year research project. According to the feedback that we have received, we are confident that this book is very useful for teachers of Chinese as a foreign language. It is a research-based and user-friendly reference book. It also helps teachers reflect on the effectiveness of their teaching of grammar and make informed instructional decisions guided by sound pedagogical principles.

There are a number of exceptional characteristics of this book. For instance, the grammar items (语言点) in this book were selected carefully. We use the term "grammar item" loosely to refer to a grammatical pattern or a word usage. We identified 150 items from 1) our many years of CFL teaching experience, 2) an analysis of the most commonly used CFL textbooks, and 3) recent studies on pedagogical grammar and curricular design such as the 《对外汉语教学初级阶段语法大纲》. The items we identified are the most fundamental and most frequently used grammar items that students need to learn in order to communicate successfully and effectively.

Another unique characteristic of the book is its principle of 精讲多练. Instead of explaining the many meanings of a particular grammar item, we focus on one or two of the most important meanings of an item (基本义项) and give various learning activities for the students to practice it in a number of ways and learn it effectively. We believe that effective instruction should involve a lot of practice of the language: we learn a foreign language by doing it! Research has shown that repeated practice not only leads to quantitative change but also results in qualitative change, that is, students develop both fluency and mastery of language rules.

Another guiding principle of this book is that, instead of focusing too much on the formal aspects of grammar, we scaffold for students to learn the semantic, functional, and pragmatic aspects of the grammar items. At every stage of instruction, from input enhancement to output practice, we make sure that our students learn the grammar in meaningful and communicative contexts. Recent research has shown that effective processing instruction during the initial stage of instruction helps not only understanding of the grammar but also long-term memory of the grammar patterns. Instead of the conventional way of introducing grammar points through bilingual explanation, we have followed the principle of professing instruction, that is, we help students understand the items by engaging them in interactive and meaningful dialogues. We have designed our instruction in such a way that the learners' primary attention is on communication while they practice using the new 语言点. We strongly believe that we need to help our students develop their grammatical awareness by engaging them in interactive and communicative tasks.

The attention paid to instructional sequencing is another distinguishing feature of this book. Research findings from cognitive psychology have informed us that learners go from controlled to automatic processing. Learners' processing capacity at the initial stage of acquiring any new grammatical pattern or word usage is limited. Through practice, students' sub-skills of the language become automatic and their teachers can engage them in more holistic tasks that lead to higher level of language proficiency. Our grammar pedagogy is based on our belief that learning should be 由浅入深， from more controlled, contextualized rapid-fire practice to more open-ended task-based communicative learning activities.

For each grammatical item (语言点), we have designed effective instructional techniques that teachers can use to facilitate the students' understanding of the item and to help students develop the ability to use the grammar item correctly and appropriately. We divide each item into two main sections. The first section (教师须知) explains the grammar item and the second section (课堂操作） describes the instructional procedures for teaching and learning.

In the first section we present the explanation of the 语言点 in clear, concise, and user-friendly terms. We consider not only the structural properties of the grammar point but also its semantic, functional, and pragmatic properties. The explanation is based both on prior research findings of pedagogical grammar and on our own recent analysis of the items as well. The information presented in this section is for teachers' reference, to help them achieve a better understanding of the item in question. Teachers should not simply present the explanation to the students word by word. Instead the teacher should follow the procedures of the 课堂操作程序 section.

The 课堂操作程序 section provides step-by-step instructions to help teachers help students learn to use the grammar item meaningfully and communicatively. The introduction of the grammar item is always done meaningfully and interactively. The purpose of the introduction (导入) phase is to help students understand the structural as well as the semantic and pragmatic meanings in a holistic communicative context. For each item we give an example to illustrate how the introduction and explanation of the item can be done meaningfully and interactively (以练带讲，用合理的情境带出句型).

Teachers should feel free to use the illustrative example to create their own instructional tasks and learning activities that best fit their own students. When we developed the 导入 procedures, the students in our mind were mostly the undergraduate and graduate students in the Middlebury Chinese School total immersion context. Users of this book should make necessary adjustments in accordance with their own context. For instance, if your students are younger or in a different learning context, you may need to adjust the procedure and the content of the questions to fit your own students' learning styles and characteristics.

We strongly believe that it takes repeated and effective practice for our students to learn grammar well. In order to reinforce the students' understanding and control of a grammar item, we have designed subsequent learning activities, ranging from controlled fast-paced practice to more open-ended task-based and communicative learning activities. Learners' needs and interests were considered carefully when we designed the content, the teaching techniques, and the learning activities. For each 语言点 we developed practice activities for students of different proficiency levels, ranging from first-year to third- or fourth-year Chinese in a university program. Teachers need to decide which part(s) of the practice activities are most appropriate for their own students. For instance, if the students are at the intermediate level, questions regarding daily routine or current events may be appropriate, but advanced questions that deal with abstract thinking or specialized topics, such as a discussion about economic issues and their impact on environmental protection, may be too difficult for the students at this proficiency level.

This book contains proven teaching techniques that we have found useful and effective for the teaching and learning of grammar in a meaningful and communicative context. We hope it will be a useful resource for other teachers and lead to further exploration of innovative and effective methods of grammar pedagogy, an important task in teaching Chinese as a foreign language.

“把”字句

一、教师须知

（一） 语义、功能及注意事项

“把”是介词，“跟名词结合，用在动词前。‘把’后的名词多半是后边动词的宾语”（吕叔湘 1999, 53-54 页）。

“把”字句有很多功能和结构，本条目只讨论“主语+把+宾语+动词+其他成分”结构。在使用此结构时，需要注意：

1. “把”后的名词“所指事物是有定的、已知的，或见于上文，或可意会。前面常加‘这、那’或其他限制性的修饰语”（54 页）。
2. 在口语里，“‘把’后面的动词要带其他成分，一般不用单个动词，尤其不用单个单音节的动词”（55 页）。
3. “不、没、别、不要”等表示否定的词语一般放在“把”字前。
4. “想、愿意、能、可以”等状态动词也应放在“把”字前。

此外，本条目例释的“其他成分”包括：

1. 表完成的“了”（见常见形式例 1、例 2）
2. 结果补语（见常见形式例 3、例 4）
3. 方位补语（见常见形式例 5、例 6）
4. 数量补语（见常见形式例 7）
5. “在、到、给、成”引导的介词词组（见常见形式例 8 至例 11）。注意 “成”所引导的介词词组有时是因错误而引起的结果（见常见形式例 12）。
6. 动词重叠（见常见形式例 13、例 14）。注意否定形式的“把”字句不能出现动词重叠形式；此外，单音节动词重叠的形式可以是“动词 + 一 + 动词”，如果是动作或行为已经发生了，应使用“动词 + 了 + 动词”。
7. 一下（见常见形式例 15）。注意否定形式的“把”字句不能出现“动词 + 一下”。

“主语+把+宾语+动词+其他成分”结构含有两层信息，一是主语对宾语所做的动作或行为，二是宾语因主语所做的动作或行为而产生的改变或结果。因此，“主语+把+宾语+动词+其他成分”结构一般用于祈使句或用于描述主语的行为以及该行为致使宾语产生的改变或结果。

参考文献：吕叔湘（1999）

（二）常见形式

形式 / 例句	主语	(不/没/别/不要)	(状态动词)	把	宾语	动词	其他成分
1	他			把	昨天剩的饺子	吃	了
2	我			把	脏衣服	洗	了
3	我			把	这件事情	交待	清楚了
4	他	不	应该	把	我炒的饭	吃	完
5	你		能不能	把	那把红椅子	搬	出来
6	我		得	把	这些衣服	放	进去
7	你们		应该	把	这些字	写	十遍
8	你们	别/不要		把	你们的书	放	在这儿
9	我		要	把	这幅画	贴	到墙上
10	他	没		把	今天的作业	交	给老师
11	你		需要	把	洗干净的鸡肉	切	成丁
12	他			把	“太”	写	成“大”了
13	你			把	这件衣服	洗	（一）洗
14	他			把	地	扫	了扫
15	你们			把	衣橱	整理	一下

二、课堂操作程序

（一）语言点导入：问答式导入

（板书“主语+把+宾语+动词+其他成分”）

老师：（课前准备好一小玻璃杯水，让学生能看到杯子里有没有水。带“把”字句时，先给学生看水，然后把水喝完）我做什么了？

学生：（可能会说错）你把水喝。

老师：“你把水喝”不对。“喝”的后面应该有别的成分。请再回答一遍我的问题：我做什么了？

学生：（老师指着板书带全班齐答）你把水喝了。

老师：现在杯子里没有水了。所以你们还可以怎么说？

学生：（老师指着板书带学生齐答）你把水喝完了。

老师：（把杯子放进自己的书包里）我又做什么了？杯子现在在哪里？

学生：（老师指着板书带学生齐答）你把杯子放在书包里了。

老师：（故意说错）我的“包子”…… 哎呀，我说错了，应该是“杯子”。我说错什么了？

学生：（老师指着板书带学生齐答）你把“杯子”说成“包子”了。

（二）操练一：发出指令

1.（老师对一个学生说）请你把你的笔给我。（学生应按照指令做。）

2.（老师对另一个学生说）请你把你的书放在书包里。（学生应按照指令做。）

3.（老师对另一个学生说）请你把我的书拿给他（他：另一名学生）。（学生应按照指令做。）

4. 让学生二人一组，用“把”字句互相给指令，让对方做几件事。

（三）操练二：描述动作

1. 老师把自己的书放在地上，让学生用“把”字句描述自己做了什么。

2. 老师把自己的书拿起来，让学生用“把”字句描述自己做了什么。

3. 老师把自己的书给一个学生，让学生用“把”字句描述自己做了什么。

4. 让学生二人一组，做动作，互相用“把”字句描述对方做了什么。

（四）操练三：回答问题

1. 我现在没有干净衣服了，我应该怎么办？（把脏衣服洗了/洗干净/洗洗）

2. 上课以前，学生得做什么？下课以后呢？（把生词记住/把作业写完）

3. 我要做炒牛肉丝，应该怎么切牛肉？（把牛肉切成丝）

4.（给学生看一张画）你们觉得贴在哪儿比较好？（把画儿贴在这儿/那儿）

（五）开放式活动：叙述

1. 学生分组讨论旅行以前应该做什么准备。例如：离开家以前，应该把窗户关上，也应该把灯关上。

2. 老师课前准备好跟做菜有关的生词卡，按照动词、名词（包括原材料、调料等）分类贴在黑板上，然后让学生两人一组，分别描述自己会做的一个菜怎么做。

“被”字句

一、教师须知

（一）语义、功能及注意事项

“被”字句多用于“表示一个受事者受到某种动作行为的影响而有所改变”（刘月华等 2005, 754 页）。句中动作或行为的受事者放在“被” 前，“被”可引出施事者，也可不引出。“被”之前可以加上副词或能愿动词等成分。句中动词后面的成分比较复杂，可以只是“了、着、过”，或补语，或补语加“了、过”，也可以什么都不加。“被”字句通常含不如意或不理想之意，但也有例外。

在口语中，可用“叫”，“让”或“给”替代“被”，但是用“叫、让”时，一定要引出施事者。

参考文献：侯学超（1998）；刘月华等（2005）；吕叔湘（1999）

（二）常见形式

形式 / 例句	受事者	“被”前面的成分	被	施事者	动词	动词后面的成分
1	她的咖啡		被	她弟弟	喝	了
2	他的车	没	被	人	撞	过
3	她	不想	被	别人	盯	着
4	他	不会	被	警察	抓	到的
5	我的东西	全	被		拿	出去了
6	他的玩具	都	被	他爸爸	锁	在柜子里了
7	他	也	被	他们	吓	得出了一身冷汗
8	那个员工	已经	被	老板	批评	了两次了
9	谁	都不愿意	被		误解	

二、课堂操作程序

（一）语言点导入：问答式导入

（板书 “NP + 被 + NP + 动词”）

老师：（给一个学生一小杯水，并对他说）这是你的水。（然后老师端起这杯水，喝一点儿，随后问全班学生） 我做什么了？

学生：你喝了他的水。

老师：（问学生“他的水呢？”，并要其他学生看着这位学生） 你们看，他好象有点不高兴。为什么？（指着板书，并举起水杯）因为他的水……

学生：因为他的水被你喝了。

老师：（把水喝完，然后问全班学生）他的水我只喝了一点，对吗？（指着板书，并把水杯倒过来）

学生： 不对，他的水被你喝完了。

（板书 “NP + 被 + NP + 动词”）
老师：（假装打了一个学生三下，然后问全班学生）我做什么了？
学生：你打他了。
老师：我打了几下？
学生：你打了三下。
老师：（指着板书，并指着那个被打的学生）所以可以说，他……
学生：他被你打了。
老师：（指着板书再问）他被我打了几下？
学生： 他被你打了三下。

（二）操练一：句子转换

1. 这个汉堡包是我的，可是他吃了一半。→
2. 小王把老板的车开坏了。→
3. 我弟弟的车钥匙锁在车里了。→
4. 他爸爸把他的玩具都扔出去了，但是他的书他爸爸没有扔出去。→
5. 他把球踢到厨房里了，所以妈妈骂了他一顿。→
6. 哥哥不听话，爸爸骂了他一顿。 妹妹很听话，爸爸没有批评她。→
7. 打篮球的时候，他撞了一下儿我的腿，现在还很疼。→

（三）操练二：回答问题

1. （老师把学生 A 的书拿给学生 B） 你的书呢？
2. （老师把学生的笔拿走） 你的笔呢？
3. 如果一个国家没有环境保护方面的法律，会出现哪些问题？（可以提示“空气”、“河水”、“森林”等词汇）

（四）开放式活动：看图说话

老师课前准备一些跟动作有关的图片或动画，上课时给学生看，让学生描述这些图片中的情况。例如：

他的帽子被风吹掉了。
桌子腿被他弄断了。
小偷被他打死了。
桌子上的菜被他们扔到地上了。

本来

一、教师须知

（一）语义、功能及注意事项

"本来" 作副词时有三个基本意思和三个常见结构。1. 表"先前、原先"之意，可用于主语前或后，后半句常用"后来"、"现在"等词语与之呼应，表示情况发生了变化。这时，"本来"可与"原来"互换，意思不变（见常见形式 a）；2. 表"本身、原本"之意。谓语前一般用副词"就"与之搭配，若还有后半句，则后半句多用来对前半句做补充说明，含递进之意，后半句中也常用副词"就"（见常见形式 b）；3. 表"按道理就是这样"。形式是"本来 + 就 + V……"，动词前面必须用"应该、该、会、能"等能愿动词，或在动词后面用"V + 得……"（见常见形式 c）（吕叔湘 1999，70 页）。

参考文献：吕叔湘（1999）；侯学超（1998）

（二）常见形式

a)

形式 例句	本来	
1	本来他不会说中文	可现在他已经会用中文点菜了
2	他本来成天看电视	后来他把电视卖了
3	本来我跟他不太熟	如今我们成了无话不谈的朋友

b)

形式 例句	本来	
1	这本来就是他自己的责任	(谁也帮不了他)
2	本来他就又高又瘦	穿上这套衣服，看起来就更高更瘦了
3	汉字本来就很难学	简体字繁体字都学就更难了

c)

形式 例句	主题/主语/分句	本来就	动词短语
1	他是个学生	本来就	该好好学习
2	他还没准备好	本来就	不应该参加比赛
3	在家他父母都跟他说普通话，所以他普通话	本来就	说得不错

二、课堂操作程序

（一）语言点导入举例：问答式导入

（板书“本来……，后来/现在……”）

老师：现在你会说中文吗？

学生：会。

老师：以前呢？

学生：不会。

老师：(指着板书) 你们可以说……

学生：我本来不会说中文，现在会说了。

（板书“本来就……，……”）

老师：（手里拿一张篮球女球员的图片）她个子高不高？

学生：很高。

老师：穿上高跟鞋以后会怎样呢？

学生：会更高。

老师：(指着板书) 所以我们可以说……

学生：她本来就很高，穿上高跟鞋就会更高了。

（二）操练一：完成句子（第 1 句和第 2 句：参照常见形式 a；第 3 句和第 4 句：参照常见形式 b；第 5 句和第 6 句：参照常见形式 c）

1. 本来我不会说中文，现在 ________________________________。
2. 我认识的汉字本来很少，现在 ____________________________。
3. 他______________________，穿了黑色的衣服以后，就更瘦了。
4. 从我家到百货公司本来就要花很长时间，塞车的时候，____________。
5. 他不是好人，你本来就 ________________________________。

（三）操练二：回答问题 （第 1 句和第 2 句：参照常见形式 a；第 3 句和第 4 句：参照常见形式 b；第 5 句和第 6 句：参照常见形式 c）

1. 刚开始学中文的时候，你的声调怎么样？现在呢？
2. 以前中国的私人汽车多不多？如今怎么样？
3. 肥胖儿童不应该吃很多甜食，为什么？
4. 小张眼睛不好，他不喜欢看太长时间的电视，你知道为什么吗？
5. 他喝了酒以后开车，出了车祸。你们说喝了酒以后应该不应该开车？

（四）开放式活动

1. 讨论（见常见形式 a）

学生分组讨论改革开放前后中国发生的变化，然后向全班做总结性发言。

2. 形象设计（见常见形式 b）

全班分成若干小组，每组二至三人，老师给每组一张照片（或图片），让学生为照片里的人设计服装。设计完成后，各组向全班汇报。

3. 找原因（见常见形式 c）

小王很快就把作业做完了。请大家说一说可能有哪些原因。（提示：他本来就很聪明。/他本来做事就很快/作业本来就不多）

比：A 比 B ……

一、教师须知

（一）语义、功能及注意事项

“A 比 B……”用来比较 A、B 性质的差别或程度的高低。A、B 的词类或结构一般相同，B 中与 A 相同的部分可以省略。

用来比较 A、B 的性质或程度的形容词后可以加表示程度的成分，如：“得多”、“多了”、“一点儿”等（见形式 a），也可以加表示数量的成分，如：“一点儿”、“一些”、“很多”、“二十块钱”等（见形式 b）。形容词前不能用“很”、“非常”这样的程度副词，但可以加有比较意思的程度副词，如“更”、“还”等，在此不作详解。“A 比 B……”结构也可通过“(VO)V 得”式动词短语来比较动作或行为（见形式 c）。

除了形容词以外，也可以用表示心理活动的状态动词，如：喜欢、爱、担心等。

A、B 是时间词时，表达同一事物前后不同时间的差异。如：昨天的天气比今天好得多。

A、B 为相同的数量短语时，是一种固定格式，表示程度递进，如：“我们的生活一天比一天好”、“这里的雕塑一个比一个精美”等。

“I have more friends than he does.” 的中文应该是“我的朋友比他的多”，而不是“我有比他多的朋友”。翻译此类句子时，应提醒学生注意。

参考文献：顾士熙（2002）；刘月华等（2001）；吕叔湘（2003）

（二）常见形式

a)

形式 / 例句		A	比	B	adj.	(程度)
1		她的房间	比	我的	干净	一点儿
2	书包	背着	比	提着	轻	
3		他的热情	比	一般人	高	得多
4		我去	比	你去	合适	多了

b)

形式 / 例句	A	比	B	adj.	(数量)
1	她的同屋	比	她	高	三公分
2	这件衣服	比	那件	贵	五块钱
3	小王	比	我	小	一岁

c)

形式 例句	A	比 B + (VO)V 得 + adj. (VO)V 得 + 比 B + adj.	(程度)
1	他	比我唱歌唱得好	得多
2	他	说中文说得比我流利	多了

二、课堂操作程序

（一）语言点导入举例：问答式导入

（板书"A 比 B ……"）

老师：（找一个学生跟老师比）老师高还是他高?

学生：（老师指着板书带学生齐答）老师比他高(或者他比老师高)。

老师：高很多吗？（老师指着板书示意）

学生：高一点/高得多。

老师：（指着板书带学生一齐说）老师比他高一点/高得多。

老师：老师比他高多少?

学生：（老师指着板书带学生齐答）老师比他高一英寸/三英寸。

老师：老师写字写得快还是你们写字写得快?

学生：（老师指着板书带学生齐答）老师写字写得比我们快。

老师：快多少?

学生：快一点/一些/得多/多了。

老师：（指着板书带学生一齐说）老师写字写得比我们快一点/一些/得多/多了。

（二）操练：回答问题

1. 中国大还是美国大？大多少？中国人多还是美国人多？多多少?
2. 你觉得中文难还是法文/西班牙文难？难得多吗?
3. 坐长途汽车舒服还是坐火车舒服？舒服得多吗?
4. 你爸爸开车开得快还是你开车开得快?
5. 你写字写得漂亮还是老师写字写得漂亮？漂亮得多吗?
6. 你的同屋整理房间整理得干净还是你整理得干净?

（三）开放式活动：比较

1. 让学生跟自己的兄弟姐妹或者父母做比较， 例如：身高、体重、年龄、长相、兴趣爱好、收入等。
2. 让学生比较两个城市/两所大学， 例如：大小、人数、天气、市民、市容等。

比：跟 B 比(起来)，A……

一、教师须知

（一）语义、功能及注意事项

"跟 B 比(起来)，A……"是一种表示比较的句式，比较 A、B 的性质或程度的差别，起承上启下的作用。B 中与 A 相同的部分可以省略。全句的重点是 A 项，说明在用 B 项作参照时，A 项如何。在后一分句中，常有"一点儿、一些、多了、得多、更、还、比较、不算、还算"等。

参考文献：刘月华等（2005）

（二）常见形式

例句 \ 形式	跟 B 比(起来)	A……
1	跟俄语比	中文的语法简单多了
2	跟以前比起来	现在他身体好一点儿了
3	跟法国队比	英国队踢得更卖力
4	跟听说比起来	我的读写不算强
5	跟年轻人比起来	老年人更希望生活安定
6	跟华盛顿比	我觉得纽约更好玩儿

二、课堂操作程序

（一）语言点导入：问答式导入

（板书"跟 A 比(起来)，B……"）

老师：你们觉得，中文难还是法文/西班牙文难？
学生：中文难。
老师：跟法文/西班牙比起来，中文难不难？
学生：（老师指着板书带领全班齐答）跟法文/西班牙比起来，中文比较难。

老师：你喜欢看中国电影吗？
学生：很喜欢看。
老师：那你喜欢看美国电影吗？
学生：也很喜欢看。
老师：那觉得中国电影好看还是美国电影好看？
学生：（老师指着板书示意全班齐答）跟中国电影比起来，我觉得美国电影更好看。/ 跟美国电影比起来，中国电影好看多了。/跟美国电影比起来，我更喜欢看中国电影。

（二）**操练一：完成句子**

1. 跟学生比起来，老师的中文水平 ________________________。
2. 跟中国学生比起来，美国学生说英文________________________。
3. 跟开车比起来，骑自行车____________________。
4. 跟足球比起来，美国人更喜欢____________________。

（三）**操练二：回答问题**

1. 你觉得学习外语，口语重要还是阅读重要？（再问别的学生，你觉得呢？）
2. 你觉得看电影有意思还是看书有意思？（再问别的学生，你觉得呢？）
3. 你喜欢唱中文歌还是喜欢唱英文歌？（再问别的学生，你觉得呢？）
4. 你觉得发展经济重要还是保护环境重要？（再问别的学生，你觉得呢？）

（四）**开放式活动：住在大城市与住在小城镇的利与弊**

老师先引导学生总结住在大城市与住在小城镇的利弊，然后把学生分成两组，进行辩论。让一组强调住在大城市的好处，另一组强调住在小城镇的好处。最后请各组做总结性发言。以下例句可供学生参考：

1. 跟小城镇比起来，大城市交通比较方便。
2. 跟小城镇比起来，大城市的夜生活丰富多了。
3. 跟小城镇比起来，大城市的就业机会多得多。
4. 跟大城市比起来，农村的空气新鲜多了。
5. 跟大城市比起来，小城镇安静得多。
6. 跟大城市比起来，小城镇的生活压力比较小。

如果想帮助学生提高句段表达能力，老师可以提供类似下面的句段结构。

认为住在大城市好的小组的总结性发言：我们认为住在大城市比较好，因为跟小城镇比，大城市的交通更方便，夜生活更丰富，工作机会也比较多，…… 总而言之，我们都觉得跟住在小城镇比，住在大城市是个更好的选择。

如果想从内容方面提高练习活动的难度，老师可选择类似以下的题目请学生进行比较/辩论：改革社会福利制度、推动经济发展、解决贫困问题和保护自然环境都是美国面临的问题。你认为目前美国最应该关注哪个问题？为什么？例如：很多人都认为推动经济发展很重要，可是我认为跟推动经济发展比起来，保护自然环境更重要。因为……

毕竟

一、教师须知

（一）语义、功能及注意事项

"毕竟"是副词，"后面的话表示追根究底所得的结论；……充分肯定重要的或正确的事实，暗含否定别人的不重要的或错误的结论"（吕叔湘 2003，78页）。除了"毕竟"所在的分句以外，前面或后面往往还需要其他的句子从意义上进行呼应，当然有时这种呼应也可以由语境本身提供。例如：

1. 孩子毕竟是孩子，事情很难处理得跟成年人一样好。
2. *孩子毕竟是孩子，事情处理得跟成年人一样好。

参考文献：李晓琪（2005）；吕叔湘（2003）

（二）常见形式

a)

例句＼形式	虽然……	但是/可是	毕竟	谓语成分	
1	虽然他是我弟弟	但是	毕竟	犯了法	我不能包庇他
2	虽然他犯了法	但	毕竟	是我的弟弟	我不能不帮他

b)

例句＼形式		主语	毕竟	谓语成分	
1		小明	毕竟	是个孩子	别对他要求太高
2	不管有什么理由	这样做	毕竟	不好	

c)

例句＼形式	名词	毕竟	是/不是	名词	
1	人	毕竟	不是	机器	怎么能不吃饭呢
2	机器人	毕竟	是	机器人	还得由人来操纵

二、课堂操作程序

（一）语言点导入：问答式导入

(板书"毕竟")

老师：坐出租汽车贵还是坐公共汽车贵？

学生：坐出租汽车贵。

老师：可是为什么还是有人坐出租汽车呢？

学生：坐出租汽车比较舒服/比较快/比较省时间……

老师：（老师指着板书）所以我们可以说，……

学生：虽然坐出租汽车比坐公共汽车贵，但毕竟比较舒服/比较快/比较省时间……，所以有人坐出租汽车。

（二）操练一：句子转换

1．虽然哥哥考了两年才考上大学，但不管怎么说还是考上了。
2．虽然父母打骂孩子不对，但不管怎么说还是为了孩子好。
3．虽然她是我的妹妹，但这件事她做得不对，我不能向着她。
4．不管怎么说，小明还是个孩子，别给他太大的压力。

（三）操练二：完成句子

1．虽然那套公寓很小，离学校也比较远，但毕竟 ___________。
2．虽然爱情有时让我痛苦，但毕竟 ______________________。
3．爷爷毕竟太老了，他 ________________________________。
4．大人物毕竟是大人物 ________________________________。

（四）操练三：问答问题

1．小丽跟她父母关系不太好，你怎么劝她跟父母和好?
2．假如先生和太太离婚了，先生有抚养子女的义务吗?
3．如果你的好朋友犯了法，你会包庇他吗？为什么?

（五）开放式活动：谁是最优秀的辩护人？

某人不慎犯了错误，需要辩护人为他辩护。例如妈妈为孩子、你为你的好朋友、律师为他的委托人进行辩护等。比比看，谁的话最能打动人、谁是最优秀的辩护人。

……并……

一、教师须知

（一）语义、功能及注意事项

“并”是副词，用来“加强否定的语气。放在‘不、没[有]……’等前边。常用于表示转折的句子中，有否定某种看法，说明真实情况的意味”（吕叔湘 1999，86页）。例如：

他们都以为我中国话说得很好，其实，我的中国话说得并不好。

上面所说的“某种看法”有时会作为“上文”明确地说出来，比如：他们都以为我中国话说得很好。有时虽没有上文，但由于“并”的使用，读者或听者亦能明白说话人说这句话时一定是有所指的。比较下列两句话：

他的中国话说得不好。这句话只是客观地说明情况。

他的中国话说得并不好。这句话用来说明“真实情况”，而这里所说的“真实情况”一定是有所指的，比如可能有人以为他的中国话说得很好，因此才会有这样的说明或更正。

“并”的其他用法，本条目不讨论。

参考文献：吕叔湘（1999）

（二）常见形式

a)

形式 / 例句	话题	主语	并	不/没有	动词/动词词组 形容词/形容词词组
1		他	并	不	喜欢看那个电影
2	那个地方	小王	并	没	去过
3		今天	并	不	怎么热
4	这篇课文	我们	并	没有	学过

b)

形式 / 例句	话题	主语	动词	得	并	不	形容词/形容词词组
1	他的画		画	得	并	不	出色
2	那部电影		拍	得	并	不	怎么好
3	中文	他	说	得	并	不	太好

二、课堂操作程序

（一）语言点导入：问答式导入

（板书“并”，同时在黑板上写一个字，故意写得很难看。）

老师：这个字写得好看吗？

学生：不好看。

老师：如果我说这个字很好看，你们不同意，怎么说？

学生：（老师指着板书）我觉得这个字并不好看。

老师：如果我说这个字写得很好看，你们还可以怎么说？（指着板书）

学生：我觉得这个字写得并不好看。

（二）操练一：句子转换

1. 你记错了，他是今年毕业的，不是去年毕业的。→
2. 其实，我弟弟去过法国，没有去过意大利。→
3. 我们不是夫妻，我们只是男女朋友。→
4. 小王不是第一名，第一名是小李。→
5. 遇到困难不可怕，可怕的是没有决心。→
6. 谁说他走得很慢，他走得比我们快多了。→

（三）操练二：完成句子

1. 大家都以为今天很热，其实 ________________________________。
2. 他看起来很有钱，________________________________。
3. 产品广告做了不少，________________________________。
4. 我每次打电话找他他都不在，我以为他很忙，________________。
5. 这个菜闻起来很香，________________________________。
6. 他中文说得很好，可是日文 ________________________________。

（四）操练三：完成对话

1. A：普通话就是北京话，北京人说的就是普通话。
   B：不对，________________________________。
2. A：你这么了解日本的情况，你一定去过日本。
   B：________________________________。
3. A：姚明打篮球打得很好，因为他是世界上最高的人。
   B：________________________________。
4. A：你这件衣服是名牌，一定很贵吧？
   B：是名牌，但是________________________________。
5. A：你准备了很久，今天考得一定很好吧？
   B：我是准备了很久，可是________________________________。
6. A：你们俩今天一起来，是事先约好的吧？
   B：________________________________。

（五）开放式活动：角色扮演

把学生分成两人一组，为刚发生的“车祸”展开争论。例如：这并不是我的错；是你撞了我的车，并不是我撞了你的车；我并没有闯红灯等。

不但……，而且……

一、教师须知

（一）语义、功能及注意事项

"不但"与连词"而且"搭配，表示"除所说的意思之外，还有更进一层的意思"（吕叔湘 2003, 94页）。例如：他不但会开汽车，而且会修汽车。"开汽车"跟"修汽车"是一种递进关系，表示两种层次，不是任何会"开"汽车的人都会"修"汽车。使用本语言点，要有一定的语境和前提。虽然这些语境和前提有时可以不明说，但如果会影响语义，令人费解的话，那么这些语境和前提就必须交代清楚。例如：

（我弟弟很聪明。）我弟弟不但会用电脑，而且会编电脑程序。（前提"我弟弟很聪明"不必交代。）

他只爱看中国电影；可我不但爱看中国的，而且还爱看外国的。（前提"他只爱看中国电影"必须交代）

本句型中的"不但"有时可以省略，但"而且"不能省略。例如：

在工厂实习，我学到了很多知识，而且结识了很多朋友。

*在工厂实习，我不但学到了很多知识，结识了很多朋友。

有时也可以用"并且、也、甚至、还"等跟"不但"搭配，其作用跟"而且"类似，本条目不作重点讲解和操练。

参考文献：吕叔湘（2003）

（二）常见形式

a)

形式 / 例句	主语 (1)/ 话题 (2)	不但	小话题 1	谓语1	而且	小话题 2	谓语2
1	我 (1)	不但		得上课	而且		得工作
2	我弟弟 (1)	不但		会用电脑	而且		会编程序
3	书的内容，我们 (1+2)	不但		要仔细看	而且		要记住
4	我们 (1)	不但	英语	要会说	而且	汉语	也要会说

b)

形式 / 例句	话题	不但	主语 1	谓语1	而且	主语 2	也	谓语2
1	这次运动会	不但	学生	参加了比赛	而且	老师	也	参加了
2	这里	不但	风景	美丽	而且	气候		宜人
3	他们	不但	收入	增加了	而且	业余生活	也	丰富了
4	(谈到说话)	不但	小李	爱说话	而且	小李的家人	也	都爱说话

c)

例句 \ 形式	主语/话题	不但	状语1	谓语1	而且	状语2	也	谓语2
1	他	不但	今年	要去北京	而且	明年、后年	也	要去北京
2	李老师	不但	在美国	住了很多年	而且	在法国	也	住了很多年
3	我父亲	不但	对中国历史	有兴趣	而且	对世界历史	也	很有兴趣

二、课堂操作程序

（一）语言点导入：问答式导入

（板书“不但……，而且……”）

老师：（问全班学生）我们班，谁喜欢吃中国菜？（让喜欢吃的人举手）

老师：谁喜欢做中国菜？（让会做的人举手）

老师：（指着两次举手的同学问）他们只喜欢吃中国菜吗？

学生：（老师指着板书）他们不但喜欢吃中国菜，而且喜欢做中国菜。

（二）操练一：完成句子

1. 我这次去中国，不但去了北京、上海等大城市，而且＿＿＿＿＿＿＿＿。
2. 他不是一个好学生，不但不做功课，而且＿＿＿＿＿＿＿＿＿＿＿＿。
3. 她不但学会了唱中文歌，而且＿＿＿＿＿＿＿＿＿＿＿＿＿＿＿＿。
4. 不但我们不认识这个字，而且＿＿＿＿＿＿＿＿＿＿＿＿＿＿＿＿。
5. 不但我和弟弟都在学中文，而且＿＿＿＿＿＿＿＿＿＿＿＿＿＿＿。
6. 他真忙，不但每天晚上要工作，而且＿＿＿＿＿＿＿＿＿＿＿＿＿。
7. 在大学里，不但可以学到知识，而且＿＿＿＿＿＿＿＿＿＿＿＿＿。
8. 不知道他去哪儿了，不但在学校里找不到他，而且＿＿＿＿＿＿＿。

（三）操练二：句子转换

1. 这件事我们要做，还要做好。(见常见形式a)
2. 这些字要会念，也要会写。（见常见形式a）
3. 王小姐喜欢看电影，王小姐的家人也都喜欢看电影。（见常见形式b）
4. 这一课的生词我们学过了，下一课的生词还没学，但这一课的生词要会念，下一课的生词也要会念。（见常见形式b）
5. 我明天要请我的同学来吃饭，下个星期也要请我的同学来吃饭。（见常见形式c）
6. 这件事他跟我说了，也跟我弟弟说了。（见常见形式c）
7. 他太喜欢喝酒了，吃饭的时候喝酒，不吃饭的时候也喝酒。（见常见形式c）

（四）操练三：回答问题

1．你觉得他弟弟/妹妹跟以前有什么不一样？（长高了；懂事了）
2．学中文只会说，行不行？
3．在宿舍住有什么好处？
4．骑车有什么好处？
5. 多看中文电影对学中文有什么帮助？
6. 为什么抽烟的人越来越少了？

（五）开放式活动：讨论

学生分组讨论普及高等教育的必要性。

不得已

一、教师须知

（一）语义、功能及注意事项

"不得已"是形容词，意思是没有别的办法，没有别的选择，不能不这样。

参考文献：吕叔湘（1996）

（二）常见形式

a)

形式 / 例句	话题	是	不得已	的
1	小李跟他的女朋友分手	是	不得已	的
2	小张昨天没来上课	是	不得已	的

b)

形式 / 例句		不得已	的	时候/情况下	
1	他很自爱，只有在	不得已	的	时候	才会向别人借钱
2	我是在	不得已	的	情况下	才给你打电话的

c)

形式 / 例句		是	不得已	的	选择/办法/措施/	
1	他借钱给孩子交学费	是	不得已	的	选择	因为他家实在很穷
2	卖掉厂房	是	不得已	的	办法	厂里已开不出薪水了

d) 后面的小句中常用"只好、又、才"等副词从语气和意义上进行呼应

形式 / 例句	前一分句	(出于/因为) 不得已	后一分句
1	我吃完饭才发现没带钱包	出于不得已	只好帮那家饭馆洗碗
2	昨天夜里，我的车在半路上抛锚了	不得已	才打了个电话请我的朋友来接我

二、课堂操作程序

（一）语言点导入举例：问答式导入

(板书 “不得已”）

老师：餐厅的饭这么难吃，你们怎么还天天在那儿吃?

学生：(老师指着板书领说) 我们天天在餐厅吃饭是不得已的。

老师：(问学生甲) 为什么?

学生甲：因为……（没有钱在外边吃饭/宿舍里没有厨房）

老师：（让全班一起回答问题，从“不得已”句开始）学生甲为什么天天还在餐厅吃饭?

学生：他天天在餐厅吃饭是不得已的，因为……

（二）操练一：句子转换

1. 王老师家里学校很远，但还是每天骑自行车上班，因为汽油实在太贵了。
2. 小张是一个好学生，他昨天没来上课因为他病得太厉害了。
3. 他非常要面子，只有在没有办法的时候，才会问别人问题。
4. 我吃完饭付钱时，发现没带钱包，没有办法，只好帮那家饭馆洗碗。

（三）操练二：完成句子

1. 他们家实在太穷了，没有钱看病，不得已，只好 ________________。
2. 昨天晚上我洗澡洗了一半就没有水了，不得已 ________________。
3. 你开车去见你的男/女朋友，可是半路上车子坏了，不得已________。
4. 有一个人拿着刀要抢你的钱，不得已的时候你可以 ______________。

（四）操练三：回答问题

1. 天气这么好，你们怎么呆在屋里不去外面玩儿?
2. 他的成绩那么好，为什么退学了?
3. 既然你不喜欢你的同屋，为什么还跟他/她合租房子呢?

（五）开放式活动：自我辩护

1. 一个学生跟老师解释为什么没交作业/没来上课。
2. 房客跟房东解释为什么没交房租。
3. 司机向警察解释自己为什么超速。

不管

一、教师须知

（一）语义、功能及注意事项

“不管”是连词，意义和用法跟“无论、不论”基本相同，多用于口语。表达的是在任何情况或条件下，结果或结论都不会改变。后一分句一般有“都”、“也”或“总是”与之呼应。“不管”后面所带的成分只能是带疑问代词的语句、表示选择关系的并列语句（A 还是 B）、跟表示是非或正反疑问的语句（A 不 A）等。例如：

1. 不管那本书有多贵，她都要买。
2. 不管那本书贵还是便宜，她都要买。
3. 不管那本书贵不贵，她都要买。

下面的第这句话不符合上述条件，所以是错句。

*不管那本书非常贵，她都要买。

学习者容易出现的其他问题，请参见“无论……都……”条目。

参考文献：李晓琪（2005）；吕叔湘（2003）

（二）常见形式

a)

形式 / 例句	不管	带疑问代词的短语、小句	(主语)	都	动词短语
1	不管	什么肉	他	都	不吃
2	不管	什么时候	你	都	可以来找我
3	不管	什么地方/哪儿		都	有好人
4	不管	什么人/谁		都	都应该有言论自由
5	不管	我们怎么劝	他	都	不听
6	不管	有多少钱		都	买不到第二次童年

b)

形式 / 例句	不管	表示选择或是非/正反疑问的语句	（主语）	都	动词短语
1	不管	是总统还是普通人		都	不能犯法
2	不管	有没有钱	他们	都	能上大学
3	不管	你愿不愿意	这件事	都	会发生

二、课堂操作程序

（一）语言点导入：问答式导入

（板书“不管……都……”）

老师：吃素的人，吃猪肉吗?

学生：不吃。

老师：吃牛肉吗?

学生：不吃。

老师：其他的肉呢?

学生：都不吃。

老师：我们可以说……

学生：（老师指着板书领说）吃素的人，不管什么肉都不吃。

（二）操练一：句子转换

1．所有的人都喜欢这只小狗。
2．天气热的时候，他只穿一条短裤；天气冷的时候，他还是只穿一条短裤。
3．有奖学金我会上大学，没有奖学金我也要上大学。
4．父母同意，我会读研究所；父母不同意，我也要读研究所。
5．这道甜点是免费的，你吃不吃，这顿饭的价钱都一样。
6．我太喜欢这辆汽车了，即使要付很多钱，我也要买。

（三）操练二：完成句子

1．我很想去中国学中文，不管有没有奖学金，________________________。
2．每个人都应该把健康放在第一位，因为不管有多少钱________________。
3．我们生活在一个法治社会，不管是谁____________________________。
4．《英汉词典》是我的好朋友，不管什么时候，我都__________________。
5．我认为贫富不均是个普遍的现象，不管哪一个国家__________________。

（四）操练三：回答问题

1．如果你很忙，是不是就可以不做功课了?
2．如果你没有钱，买东西是不是可以不付钱?
3．我们任何时候都不能做什么?

（五）开放式活动：角色扮演

A 向 B 提出某些问题或要求，B 给予回答；例如：老板与员工、女朋友与男朋友、妻子与丈夫、孩子与父母、老师与学生、警察与流浪汉/酒鬼等。参考下面的句子。

这次出差不管有多忙，我都会赶回来庆祝你的生日。

只要你考得好，不管你要什么电脑游戏，我都给你买。

不管这次考试的成绩怎么样，我都会继续努力学中文。

不管今后喝多少酒，我都不会再睡在马路上。

只要你愿意留下来，不管公司的效益怎么样，我都会给你加薪。

……，不仅如此，…… 还/也……

一、教师须知

（一）语义、功能及注意事项

"不仅"即"不但"，"如此"指上文提到的某种情况。在句段中，"不仅如此"用来连接前后两个部分，表示递进关系，起承上启下的作用。所连接的前后部分应当是针对同一话题所进行的陈述、描写或评论，后一部分常用"还"与前面的部分呼应，对上文进行补充，所表达的意思往往更进一层。

（二）常见形式

形式 / 例句	小句 1	不仅如此	小句 2
1	北京是中国的政治文化中心	不仅如此	它还是一座历史文化名城
2	美味佳肴给人味觉上的享受	不仅如此	它还会给人带来精神上的愉悦
3	登山可以锻炼人的身体	不仅如此	也可以磨练人的意志

二、课堂操作程序

（一）语言点导入：问答式导入

（板书"……，不仅如此，还/也……"）

老师：同学们想不想去中国学习？

学生：想。

老师：为什么要去中国学习呢？

学生：……（可以学习地道的中文，可以跟中国人交朋友，可以吃地道的中国菜，可以了解中国的社会和文化等）

老师：（老师指着板书，可用上面学生说过的不同句子，反复练习几次）去中国可以学习地道的中文，不仅如此，还可以了解中国的社会和文化。

（二）操练一：用"不仅如此"连接句子

1. 学好中文可以交很多中国朋友，还可以到中国去工作。
2. 我很喜欢大学生活，在大学我可以上自己喜欢的课，还可以认识很多有意思的人。
3. 大学教育应该教给学生知识和技能，还应该提高学生的道德修养。
4. 改革开放使中国的经济得以迅速发展，还使中国老百姓过上了小康生活。

（三）操练二：完成句子

1. 学中文有很多好处，__________，__________，不仅如此，__________。
2. 大学生打工，可以 ________，也可以 ________，不仅如此，__________。
3. 买汽车的时候既要注意质量，又要考虑价格，不仅如此，____________。

（四）操练三：回答问题

1．找工作的时候你会考虑哪些问题？（薪水、兴趣、离家的距离）
2．酒后开车常常会带来什么不好的后果？（罚款、危险、交通事故）
3．如果爱一个人，你应该怎么做？
4．准备结婚的时候你会考虑哪些问题？

（五）开放式活动

1．谈谈电脑科技的进步，给人们的生活带来什么样的变化。
2．如何才能维持婚姻的和谐。

不能不 V

一、教师须知

（一）语义、功能及注意事项

“不能不 V”是双重否定结构，比 “得（děi）+ V” 的语气强，表达“不 V 是不行的” 的意思。

（二）常见形式

形式 / 例句	话题或前置宾语	主语	不能不	动词	宾语
1	今天的会	你	不能不	去	
2		人	不能不	喝	水
3	这个问题	我们	不能不	解决	

二、课堂操作程序

（一）语言点导入：问答式导入

（板书 “不能不 V”）

老师：人不吃饭行不行?

学生：不行!

老师：(指着板书) 所以我们可以说……

学生：人不能不吃饭。

（二）操练一：句子转换

1. 人一定要睡觉。
2. 你病了，这种药很有效，你一定得吃。
3. 我们一定要保护环境。
4. 她要出国就一定要申请护照。
5. 小孩子要成为有用的人，不接受教育不行。

（三）操练二：完成句子

1. 要想身体健康，我们________________________。
2. 要想买一双合适的鞋，________________________。
3. 要学好中文，______________________________。
4. 开车的时候，______________________________。

（四）开放式活动：角色扮演

听说朋友出了车祸，你该怎么办？你的朋友又该怎么办？（提示：警察，保险公司，医院等）

不如

一、教师须知

（一）语义、功能及注意事项

"A 不如 B "是表示比较的句式之一， 意思是"A 没有 B 好"， "后面不说明用来比较的事项（性质、数量等）"（吕叔湘 2003，102 页）。 常用于对话双方都了解意思的前提下。[见常见形式（a）名词例句 3]

"A 不如 B + adj./状态动词"意思是 A 在某些方面比不上 B。A 和 B 的"词类或结构一般相同"（102 页），其后的形容词多是正向的，如："高、漂亮、认真、积极"等，不能使用程度副词来修饰，但可以使用表程度的指示代词"那么"。

"A 不如 B + adj./状态动词"也可用在主题评论句中。在这种情况下，AB 也可是相同的数量词。[见常见形式（b）名词例句 2]

学生在使用该句式时常犯的错误有下面两类。

a) 表示比较的形容词是负面的，例如：*我买的东西不如他买的东西贵。

b) 在形容词前加表程度的副词"很、非常"等。例如：* 他不如我很高。

参考文献：顾士熙（2002）；刘月华等（2001）；吕叔湘（2003）

（二）常见形式

a)

形式 / 例句	其他成分	A	不如	B	(那么)……
1 (A 和 B 为名词)		我的中文	不如	他的(中文)	那么好
		我现在	不如	以前	爱跳舞
	你们班的成绩比我们班好	我们班	不如	你们班	
2 (A 和 B 为动词短语)	上下班时间	坐公车	不如	骑车	快
3 (A 和 B 为其他短语)	我觉得	日本队打得	不如	韩国队(打得)	积极

b)

形式 / 例句	主题	A	不如	B	(那么)……
1	论想象力	大人	不如	孩子	那么丰富
2	这几篇作文	一篇	不如	一篇	

二、课堂操作程序

（一）语言点导入：问答式导入

（板书“A 不如 B + adj./状态动词”）

（可以与“比”字句同时练习，指导学生交换主语和宾语的位置。）

老师：你们的中文好，还是老师的中文好？

学生：老师的中文比我们的中文好。

老师：（指着板书）所以我们可以说……

学生：我们的中文不如老师的中文。/我们的中文不如老师的中文那么好。

老师：老师拿起一篇作文，摇头说：不好！再拿起一篇说：更不好！再拿起一篇说：太不好了！（引导学生用“一（量词）不如一（量词）”）

学生：这几篇作文，一篇不如一篇。

（二）操练一：句子转换

1. 他比我高。
2. 看电影比看书有意思。
3. 她唱歌唱得比我好。
4. 老师说中文比说英文流利。

（三）操练二：给情景，说句子

1. 你说中文说得不太流利，你的同屋说中文说得很流利。
2. 我们学校有一千个学生，他们学校有两千个学生。
3. 百货公司的东西贵，超级市场的东西便宜。
4. 她以前特别喜欢跳舞，现在不太喜欢了。
5. 一个家庭有三个孩子，老二比老大学习差，老三比老二学习差。（老师示意学生先用“不如”，然后用“一（量词）不如一（量词）”）

（四）操练三：回答问题

1. 堵车的时候，开车快还是坐地铁快？
2. 那不堵车的时候呢？
3. 我记得以前你特别喜欢打篮球，现在呢？
4. 随着年龄的增长，老年人的身体状况会怎么样？

（五）开放式活动：比较

学生二人一组，比较他们学习中文的情况/老家的情况。

不是……而是……

一、教师须知

（一）语义、功能及注意事项

说话人希望澄清事实，纠正或反驳某种观点、说法时，常常用“不是……而是……”来指出某信息是错的，同时提供新的信息使前后形成鲜明的对比，并突出后者。该句型有时也可说成“是……而不是……”。注意：该句型较为正式，因此，日常会话中要慎用，否则听起来就不太自然。

（二）常见形式

a)

形式 例句	主语/主题	不是	否定的部分	而是	肯定的部分
1	给她钱的(人)	不是	她爸爸	而是	她妈妈
2	美国	不是	在十七世纪独立的	而是	在十八世纪独立的
3	政府目前应该优先考虑的	不是	如何赚取更多外汇	而是	如何改善教育制度
4	在香港，通用的	不是	普通话	而是	广东话

b)

形式 例句	主语/主题	是	肯定的部分	而不是	否定的部分
1	给她钱的(人)	是	她妈妈	而不是	把爸爸
2	美国	是	在十八世纪独立的	而不是	在十七世纪独立的
3	政府目前应该优先考虑的	是	如何改善教育制度	而不是	如何赚取更多外汇
4	在香港，通用的	是	广东话	而不是	普通话

二、课堂操作程序

（一）语言点导入：问答式导入

(板书 “不是……而是……”)

老师：现在学中文的人越来越多了。你们为什么学中文?

学生 A：为了了解中国文化。

老师：（假装没听清楚，问另一个学生）他学中文是为了在中国找工作，对吗?

学生 B：不对。他说他学中文是为了了解中国文化。

老师：（指着板书）所以你们可以说……

学生：他学中文不是为了在中国找工作，而是为了了解中国文化。

（二）操练一：完成句子

1. 小王不是去年毕业的，而是 ______________________________。
2. 她不是 _________________________，而是我的女朋友。
3. 这张图不是用电脑画出来的，而是 _______________________。
4. 广告的目的不是 _____________________，而是为了推销产品。

（三）操练二：回答问题

1. 中国大陆用的是繁体字吧？
2. 在美国赚钱最多的是老师吗？
3. 世界上人口最多的国家是印度吧？（提示：中国）
4. 美国的首都是纽约，对吗？

（四）开放式活动：辩论生活中什么最重要？

老师将学生分成几组，辩论在生活中什么是最重要的。（金钱、家庭、事业、自由等）。学生辩论时应使用“不是……而是……”。

不是 A 就是 B

一、教师须知

（一）语义、功能及注意事项

“不是 A 就是 B”表示“两项之中必有一项是事实”（吕叔湘 1999, 91 页）。A 跟 B 通常是“同类的”（91 页）名词或名词词组、形容词或形容词词组、动词或动词词组，或者小句。有时，含有“不是 A 就是 B”的句子可以表达说话者满意或者不满的情绪。（见“常见形式”例 5、例 6）

参考文献：吕叔湘（1999）；王还（1998）

（二）常见形式

形式 / 例句	其他成分	主题/主语	不是	名词/形容词/动词词组/小句	就是	名词/形容词/动词词组/小句
1		这本书	不是	小王的	就是	小李的
2	我还不知道她到底哪天来，但是		不是	星期六	就是	星期天
3	别人都不了解情况，所以	这件事	不是	你来处理	就是	我来处理
4	我没买到合适的鞋，因为	我喜欢的样子	不是	太贵	就是	穿起来不太舒服
5	学生都很忙，每天		不是	上课	就是	写作业
6	他单身的时候很快乐，晚上		不是	去酒吧喝酒	就是	去打保龄球

二、课堂操作程序

（一）语言点导入：问答式导入

（板书“不是 A 就是 B”）

老师：（拿一本书，不让学生看到封面）这本书我很喜欢看，我只会中文和英文。这本书是中文的还是英文的？

学生：（老师指着板书带学生齐答）这本书不是中文的就是英文的。

老师：你们在学校忙不忙？

学生：很忙。

老师：你们每天都做什么？

学生：我们上课/写作业。

老师：（指着板书）所以你们可以说……

学生：我们很忙，每天不是上课就是写作业。

（二）操练一：完成句子

1. 我的同屋是中国人，会说英文；我除了英文也会说一点中文，所以我们聊天的时候 ____________________。
2. 一般来说，去外地旅行，我 ______________________。
3. 我不喜欢这家饭馆的菜，因为 ______________________。
4. 开晚会的时候，大家 ______________________________。

（三）操练二： 句子转换

1. 我的衣服没有别的颜色，只有黑色的或者白色的。
2. 我每天都走路或者骑自行车来上学。
3. 餐厅的菜差不多都是炸的或是蒸的，我吃够了。
4. 周末我们几乎都是去看电影或者去唱卡拉 OK，这个周末我们做点儿别的吧。
5. 我朋友的父母周末几乎都会带他们去看电影或者去动物园玩儿。

（四）操练三：回答问题

1. 学生一般在哪里学习？（图书馆/宿舍）
2. 一般来说，大学生毕业以后会做什么？（工作/读研究生）
3. 你喜欢周末吗？周末的时候你都做些什么事？
4. 小时候，你父母对你管教得严不严？他们常让你做什么事？

（五）开放式活动：互动问答、角色扮演

1. 互动问答

学生两人一组，问对方每天早上、中午、下午、晚上做什么，以及他/她一般在什么地方做这些事。

2. 角色扮演

学生二人一组，分别扮演一个盼望着早一点工作的大学生和一个已经工作，但是希望能回到校园读书的人。扮演大学生的学生需要提出很多工作以后的好处，以及读书的苦处；已经工作的人则需要提出工作以后的生活令他不满之处，说说当学生的好处。

才（表示“晚”）

一、教师须知

（一）语义、功能及注意事项

“才”是副词，表示说话人认为某行为发生或结束得比较晚或没有预期的早，“才”与后面的动词短语之间可以加上能愿动词“会、能、可以、愿意”等。常见形式 b, c 中的前一小句是已发生的事件或一般的习惯。句末不用“了”，但“才”后面的动词可以带结果补语或可能补语等。

参考文献：侯学超（1998）；吕叔湘（1999）

（二）常见形式

a)

形式 例句	主语	时间点	才	能愿动词	动词短语
1	他	下午三点	才		起床
2	我	每天凌晨三点多	才	能	睡觉
3	她	三十六岁	才		念完大学
4	他	下个月	才		来得了
5	我妹妹	明年	才	可以	回国

b) 只有一个主语时，该主语在句首或“才”之前均可

形式 例句	话题	主语 1	时间点	动词短语	时段	主语 2	才	能愿动词	动词短语
1		他		花了	一个月		才		写完报告
2	这个办法	她		想了	几个小时		才		想出来
3		我们		得叫	半天	老王	才	能	听见
4		小王	昨天晚上	看书看了	五个小时		才		睡觉

c) 只有一个主语时，该主语在句首或“才”之前均可。

形式 例句	话题	主语 1	时间点	动词短语	动量词	主语 2	才	能愿动词	动词短语
1	那个字	我		写了	五次		才		写对
2		老王	上个星期	跟老板谈了	三回	老板	才	同意	给他加薪
3		我		说了	五遍	他	才		明白

二、课堂操作程序

（一）语言点导入：问答式导入

（导入 a 完成后，应先做相应的操练，然后再做导入 b，余下相同）

（板书“才”a）

老师：（问一个学生）我每天晚上九点睡觉，你呢？（暗示比老师晚）

学生：十二点睡觉。

老师：（问所有学生）我们两个人谁睡得晚？

学生：他睡得晚。

老师：我每天晚上九点睡觉。他呢？

学生：（老师指着板书）他每天晚上十二点才睡觉。

（板书“才”b）

老师：我感冒了，休息半天好得了吗？

学生：好不了。

老师：那我应该休息几天呢？

学生：三天。

老师：（指着板书）所以我们可以说……

学生：你得休息三天才好得了。

（板书“才”c）

老师：（板书“餐”，问学生）这个汉字，我看一遍就记住了，你能吗？

学生：我不能。

老师：你想你得看几遍呢？

学生：五遍。

老师：（指着板书）所以我们可以说……

学生：我得看五遍才能记住。

（二）操练一：句子转换

(1，2 参照常见形式 a；3，4 参照常见形式 b；5，6 参照常见形式 c)

1. 小王总是晚上三四点睡觉，下午一两点起床。
2. 老王结婚的时候已经快五十岁了。
3. 有人说中文很不容易学，要看得懂报纸，得学四、五年。
4. 我的朋友终于来了，可是我已经在电影院门口等他等了三十分钟。
5. 小张的听觉不太好，我叫了她五遍之后，她终于听到了。
6. 这个发音太难了，要说对，我们得练习很多次。

（三）操练二：回答问题

1. 我妹妹两岁就开始学写汉字了，你呢?
2. 我今天早上四点就起床了，你呢?
3. 我吃早饭吃得很快，三分钟就能吃完，你呢?
4. 一般大学生念四年就可以毕业了，但是念医学院的学生呢?
5. 我记电话号码记得很快，看一遍就能记住，你呢?

（四）开放式活动：角色扮演

让学生两人一组，互相询问对方的作息时间，或者讨论他们做什么事情花的时间或工夫最多。

才(表示更正)

一、教师须知

（一）语义、功能及注意事项

"才"，副词，"强调确定语气"（吕叔湘 1999，108 页）。含有 "才" 的小句之前一定要有引发 "才"出现的背景。说话人用"才"带出的小句，对前面出现的背景加以否定或更正。在否定或更正的时候，说话人可提供多于一个的新信息，这时"才"在句中的位置取决于说话人想强调哪一部分，例如：

1. 他说我妈是东北人，我妈才不是东北人呢。（否定）
2. 他说我妈是东北人，我妈不是东北人，我爸才是。（更正）

参考文献：侯学超（ 1998）；吕叔湘（1999）

（二）常见形式

a）对前面出现的背景加以否定

形式 / 例句	背景	主语/主题	才	（不/没）动词短语	呢
1	你说我喜欢看书	我	才	不喜欢看书	呢
2	别人都说小王懒	小王	才	不懒	呢
3	谁说我去看电影了	我	才	没去	呢

b）对前面出现的背景加以更正

形式 / 例句	背景	主语	才	（不）是	形容词/名词短语
1	老呆在一个地方有什么好处	常换工作	才		有意思（呢）
2	小李说纽约是美国的首都	华盛顿	才	是	（美国的首都）
3	他弟弟不是律师	他妹妹	才	是	（律师）

二、课堂操作程序

（一）语言点导入：问答式导入

（板书"才"）

老师：（指着一个学生，问其它同学） 他是老师吗?

学生：不是。

老师：（再指着另一个学生问）他是老师吗?

学生：也不是。

老师：（问所有学生） 那谁是老师呢?

学生：（齐答） 您是老师。

老师：（指着板书）所以可以说……

学生：我们都不是老师，您才是老师。

（二）操练一：句子转换

1. 你说我是美国人？不对，我不是美国人。
2. 你说我是美国人？不对，我不是美国人，小张是美国人。
3. 我的老板以为我会说法文，他搞错了，其实我不会说。
4. 我的老板以为我会说法文，其实我不会，小王会。
5. 大家都说小王喜欢陈小姐，其实不对，他不喜欢陈小姐。
6. 大家都说小王喜欢陈小姐，其实他不喜欢陈小姐，小张喜欢陈小姐。

（三）操练二：对话式问答（使用“才”来辩驳）

1. A：我认为学中文，语法是最难的。
   B：__________________________。（发音、汉字）
2. A：印度是世界上人口最多的国家。
   B：__________________________。
3. A：我觉得意大利菜是最好吃的。
   B：__________________________。

（四）开放式活动：讨论

1. 老师课前准备一个菜单/水果单。分组讨论什么是最好吃的，什么是最健康的。鼓励同学支持自己或其他同学的看法。
2. 谈一谈哪种运动对小孩子、青年人、老年人最合适。

才……就……

一、教师须知

（一）语义、功能及注意事项

“才”是副词，意为“刚刚”，在本语言点中，“用于前一小句，后一小句用‘就’呼应，表示两件事紧接着发生”（吕 2003，107 页）。“才”的其他用法，如数量少或程度低等，不在本条目讨论之列。

参考文献：吕叔湘（2003）

（二）常见形式

形式＼例句	小句 1				小句 2			
	主语 1/话题 1	时间 1	才	动词 1/动词短语 1	主语 2/话题 2	时间 2	就	动词 2/动词短语 2
1	这本书		才	发行			就	卖出了两万册
2	妈妈		才	准备好饭菜	大家		就	都回来了
3	我	今早	才	进门	他		就	向我诉起苦来了
4	我	昨天	才	到家		今天	就	上班了
5	他们		才	认识三天			就	结婚了
6	他		才	学了一个月的中文			就	能跟中国人聊天了

二、课堂操作程序

（一）语言点导入：问答式导入

（板书“才……就……”）

老师：你们学中文学了多久了？

学生：……（三个月、半年、一个学期）

老师：你们可以用中文跟中国人交谈吗？

学生：可以。

老师：（指着板书）所以我们可以说……

学生：我们才学了三个月的中文，就可以用中文跟中国人交谈了。

（二）操练一：完成句子

1. 他才来美国，______________________________。
2. 我们的球队才开始训练，____________________。
3. 今年的天气很奇怪，才入秋__________________。
4. 不少学生 __________________，就去中国学习了。
5. 我的同屋很喜欢花钱，她妈妈 ________________，她 ________________。

（三）操练二：句子转换

1．小李学会开车后，马上买了一辆新车。→
2．我妹妹进大学不到一个月，很快交了一个男朋友。→
3．我昨天告诉他我的名字，可是他今天已经忘了。→
4．他毕业以后马上找到了一个理想的工作。→
5．昨天晚上我只睡了三个小时。然后就起床写作业了。→
6．怎么我刚刚回来，你就要走了？→

（四）操练三：完成对话

1．A：昨天演的电影你怎么没看完?
B：别提了，________________。
2．A：小李很大方，你跟他借到钱了吗?
B：借到了，________________。
3．A：对不起，我不记得那条街的名字了。你能再说一遍吗?
B：我五分钟前 ______________ 。

（五）开放式活动：夸奖他人

你是一家公司的主管。夸夸你的助手，他工作能力强，效率高。

趁

一、教师须知

（一）语义、功能及注意事项

“趁”是介词，“表示利用条件或机会”（吕叔湘 2003，116 页）。“趁”后面是双音节以上的名词、形容词、动词短语或小句时，均可加“着”。但“趁”后面是单音节时，不加“着”。例如：

1. 趁(着)天还没全黑，你赶紧回家吧。
2. 趁(着)年轻，多旅行，年纪大了就走不动了。
3. 这道菜应该趁热吃。
4. *这道菜应该趁着热吃。

参考文献：吕叔湘（1999）

（二）常见形式

例句＼形式	主语	趁	单词、短语或小句	主语	短语或小句
1	他	趁	去北京出差的机会		参观了一下故宫
2		趁	年轻		多看些书吧
3		趁	没有小孩	你们	赶快离婚吧
4		趁	人不注意	小偷	把车偷走了

二、课堂操作程序

（一）语言点导入举例：问答式导入

（板书“趁……”）

老师：我需要个新电脑，可现在买有点儿贵。我什么时候去买比较好?

学生：大减价的时候/打折的时候/圣诞节以前……

老师：（指着板书）所以我们可以说……

学生：你应该趁大减价的时候去买。

（二）操练一：完成句子

1. 我常常趁(着)爸爸妈妈不在 ____________________。(喝酒/开舞会)
2. 我们应该趁(着)天好 ____________________。(去爬山/散步/野餐)
3. 难得放假，我们应该趁春假 ____________________。(旅游/好好儿休息)
4. 趁(着)去中国旅行的机会，可以 ____________________。(多了解一点中国文化)

（三）操练二：句子转换

1. 我很想学英文，但是平常很忙，只能休息的时候学一点儿。
2. 水果新鲜的时候比较好吃，多吃点儿吧。
3. 妈妈不让爸爸喝酒。今天妈妈不在，爸爸就多喝了两杯。
4. 饺子应当热的时候吃。

（四）操练三：回答问题

1. 我想去旅行，你觉得什么时候去旅行最划算？请给我几个建议。（机票打折/旅游淡季）
2. 趁年轻你想做哪些事情？
3. 你会趁着暑假的时候，做些什么？

（五）开放式活动：看看谁小的时候最淘气

小的时候我常常趁爸爸妈妈不在的时候 ……

趁老师不注意的时候……

（到）……的程度

一、教师须知

（一）语义、功能及注意事项

"程度"指"事物变化达到的状况"（吕叔湘 2003，119）。可以用来对话题进行评论（见常见形式 a），也可用来作动词或形容词的补语（见常见形式 b）。"到……的程度"中可以是动词短语或少数形容词，但不能是数量短语。例如：

1. 他的钱很多，已经多到花不完的程度了。
2. *他的钱很多，多到两百万的程度。

参考文献：吕叔湘（2003）；北京大学汉语语言学研究中心现代汉语语料库；台湾中央研究院现代汉语平衡语料库

（二）常见形式

a)

形式 / 例句	话题	状语/助动词	到	了	形容词/动词短语	的程度
1	他的无知		到	了	可笑	的程度
2	这里冬天的气温	会	到		滴水成冰	的程度
3	这里的混乱		到	了	令人无法忍受	的程度

b)

形式 / 例句	主语/话题	状语	形容词/动词	到	动词短语	的程度
1	他	常常	紧张	到	睡不着觉	的程度
2	纽约的地铁	在上下班时，常常	挤	到	让人喘不上气	的程度
3	他	常	工作	到	废寝忘食	的程度

二、课堂操作程序

（一）语言点导入：问答式导入

（板书"到……的程度"）

老师：美国的私立大学贵不贵?

学生：非常贵。

老师：到了什么程度呢？（指着板书）

学生：到了一般人没有助学金就上不起的程度。

老师：期末大考以前，你们忙不忙?

学生：非常忙。
老师：忙到什么程度？（指着板书引导学生说）
学生：期末大考以前，我们忙到没有时间睡觉的程度。

（二）操练一：完成句子

1. 纽约的房租贵到 ____________________。
2. 小王工作很努力，常常工作到 ____________________。
3. 老张是个酒鬼，他喝酒常常喝到 ____________________。
4. 这里冬天雪下得很大，大到 ____________________。

（三）操练二：句子转换

1□ 我听说去年夏天特别热，竟然有人热死了。
2．他刚上大学的时候，因为太想家了，所以吃不下饭也睡不着觉。
3．小林对写歌很着迷，常常为了写歌不吃不睡。

（四）操练三：回答问题

1．你希望在三年之内，把中文学到什么程度？
（看得懂报纸/听得懂新闻/说得跟中国人一样好）
2． 哪里的交通很乱？乱到什么程度？（让人头痛/开不了车/寸步难行）
3． 现代社会对电脑的依赖情况严重吗？
4．美国穷人的生活有多糟糕，你知道吗？
5．如果我们不注意保护环境，世界上环境污染的问题会严重到什么程度？

（五）开放式活动：故事接龙

几个星期前，小丁在网上聊天室(chat room)认识了一个叫“飞儿”的女孩。他们每天用电脑聊天，小丁慢慢地喜欢上了“飞儿”，于是他们决定见面。

(参考题目，教师可多引导)
场景 1：见面以前
小丁非常喜欢跟飞儿聊天，喜欢到……
明天他们就要见面了，他高兴到……

场景 2：见面那天
天气很热，……
街上的人/车很多，……
见面的时候，他的心跳得很快，……
聊天的时候，他太紧张，……（说不出话/不知道说什么）

除非

一、教师须知

（一）语义、功能及注意事项

“除非”是连词，“强调某条件是唯一的先决条件”（吕叔湘 1999，125 页）。“除非”常跟“才”、“否则”、“要不”、“不然”、“要不然”等词语搭配，表示必须这样，才能产生某种结果。尽管形式不同，但使用“才”与使用“否则”、“要不”、“不然”和“要不然”的意义和作用都差不多。

一般来说，“除非”只与“才”或“否则”连用（见“常见形式”a 和 b）。但若将三者放在一起合用时，“除非”所引导的分句总是作为第一分句放在前边，“才”所引导的分句作为第二分句放在中间、“否则”所引导的分句则作为第三分句放在最后（见常见形式 c）。

参考文献：李晓琪（2003）；刘月华等（2001）；吕叔湘（1999）

（二）常见形式

a) 除非……才……

形式 例句	除非	其它成分	主语	才	谓语
1	除非	你有钱	她	才	会跟你结婚
2	除非	现在就走	我们	才	能赶上飞机
3	除非	你去请他	他	才	会来

b) 除非……否则……

形式 例句	除非	其它成分	否则	主语	谓语
1	除非	你有钱	否则	她	不会跟你结婚
2	除非	现在就走	否则	我们	就赶不上飞机了
3	除非	你去请他	否则	他	不会来

c) 除非……才……，否则……

形式 例句	除非	其它成分	主语	才	谓语	否则	其它成分
1	除非	现在就走	我们	才	能赶上飞机	否则	就赶不上飞机了
2	除非	你认错儿	她	才	会原谅你	否则	她就要跟你分手了

二、课堂操作程序

（一）语言点导入：问答式导入

(板书“除非……才……否则/要不然……”)

老师：（问一个学生）你知道我现在想做什么吗？

学生1：吃饭。

老师：不对。（问另一个同学）你说呢？

学生2：睡觉。

老师：也不对。（问全班）你们知道我现在想做什么吗？

全班学生：不知道。

老师：如果我不告诉你们，你们能知道我想做什么吗？

学生：不能。

老师：（指着板书）所以……

学生：除非你告诉我们，我们才能知道，否则我们不知道。

老师：我们也可以说（把“才”盖住）……

学生：除非你告诉我们，我们才能知道。

老师：我们也可以说（把“否则”盖住）……

学生：除非你告诉我们，否则我们不知道。

（二）操练一：完成句子

1. 除非你跟我一起去图书馆借书，我才 ____________________。
2. 除非你病了，否则 ____________________。
3. 除非你小心，不然 ____________________。
4. 除非天气不好，我才 ____________，否则 ____________。

（三）操练二：句型转换（分别用上述四种常见形式各说一遍）

1. 那辆车太贵了，我不会买，只有减价，我才买。→
2. 你要是不答应我的条件，我就不会告诉你这个秘密。→
3. 只有亲眼见过 UFO，我才会相信。→
4. 他要是不爱我，我就不会跟他结婚。→
5. 只有发展经济，才能提高人民的生活水平。→

（四）操练三：回答问题

1. 只有在什么条件下，你才会帮你的同学做作业？
2. 只有在什么情况下，你才可能不去参加好朋友的毕业典礼？
3. 怎样才能学好中文？
4. 怎样才能让你妹妹/弟弟高兴？
5. 怎样才能真正了解中国文化？

（五）开放式活动：角色扮演

学生两人一组，分别扮演吵过架但是想和好的一对恋人，各自向对方提出“和好”的条件与要求。

除了……(以外)，……都……

一、教师须知

（一）语义、功能及注意事项

"除了"是介词，"表示不计算在内。跟名、动、形、小句组合，可加'外、以外、之外、而外'"（吕叔湘 1999，126 页）。后面用"都"呼应时，表示"排除特殊，强调一致"（同上）。

参考文献：吕叔湘（1999）；北京大学现代汉语语料库；台湾中央研究院现代汉语平衡语料库

(二)常见形式

a)

形式 / 例句	主语/话题/其他成分	除了		(以外)	(主语/话题/其他成分)	都	动词词组
1	今年暑假	除了	你	以外	我们	都	要去中国
2	他	除了	生病		每天	都	来上课
3	这套公寓	除了	租金便宜		其他方面	都	不理想
4	这里	除了	小张	以外	别人	都	不会开车

b)

形式 / 例句	主语/话题/其他成分	除了		(以外)	(主语/话题)	疑问词/任何+名词	都/也	动词词组
1		除了	老师	以外		谁	也	不懂这个问题
2	这学期	除了	星期五		我	哪一天	都	有空
3	他	除了	去学校上课	以外		哪儿	都	不想去
4		除了	本校师生员工			任何人	都	不得入内

二、课堂操作程序

（一）语言点导入举例：问答式导入

（板书"除了……(以外),……都……"）

老师：(给学生看一张下周气象预报表，表中星期日不下雨；问学生)

星期一（二、三、四、五、六）会下雨吗?

学生：星期一（二、三、四、五、六）会下雨。

老师：下星期每天都会下雨吗？（指着星期天，提醒学生）

学生：不，下星期天不会下雨。

老师：（指着板书），所以可以说……

学生：除了星期天以外，下星期每天都会下雨。

（二）操练一：句子转换：

1. 只有来这儿买东西的人可以在这儿停车。
2. 上中文课的时候，学生不可以说英语，但老师可以说一点儿。
3. 考试的时候，你只能带笔，别的东西都不能带。
4. 这个周末我只想睡觉，不想做别的事。
5. 这本词典，只能在学校书店里买到。

（三）操练二：回答问题

1. 美国，每个人都可以喝酒吗?
   （提示：21 岁；除了 21 岁以下的人以外，谁都可以喝酒。）
2. 一般的博物馆每天都对外开放吗?
   （提示：一星期有一天不开；除了星期一以外，什么时间都对外开放）
3. 熊猫什么东西都吃吗?
   （提示：竹子；除了竹子以外，熊猫什么都不吃。）

（四）开放式活动：角色扮演

学生两人一组，一个扮演父/母亲，另一个扮演孩子，双方商量或坚持哪些事能做，哪些事不能做。

除了……（以外），……还/也……

一、教师须知

（一）语义、功能及注意事项

"除了"是介词，可加'外、以外、之外、而外'（吕叔湘 2003，126 页）。后面用"还/也"呼应时，表示"排除已知，补充其他"（同上）。只有一个主语时，该主语可置于"除了"之前，也可置于主句句首。

参考文献：刘月华等（2003）；吕叔湘（2003）；台湾中央研究院现代汉语平衡预料库；北京大学现代汉语语料库

（二）常见形式

a)

形式 / 例句	主语/话题	除了……（以外）	(主语)	还/也	
1		除了篮球以外	我	还	喜欢打排球
2	情人节	除了送花	人们	也	送巧克力表示爱意
3	现代人	除了用电话沟通以外		还	可以用电脑进行沟通
4	你	除了申请护照以外		也	得申请签证

b)

形式 / 例句		除了主语 1（以外）	主语 2	也	
1	我家	除了我弟弟以外	我妹妹	也	学中文
2	我们大学	除了图书馆有电脑	每个教室里	也	都有电脑
3	这学期	除了我要去中国学习	杰克	也	要去

二、课堂操作程序

（一）语言点导入举例：问答式导入

（板书"除了……（以外），……还/也……"）

老师：你喜欢吃中国饭吗?

学生：喜欢。

老师：你还喜欢吃哪个国家的饭?

学生：意大利饭。（日本饭，法国饭等）

老师：（指着板书）我们可以说……

学生：除了中国饭（以外），他还喜欢吃意大利饭。（日本饭、法国饭等）

（板书"除了主语 1（以外），主语 2 也……"）

老师：只有中国人用汉字吗?

学生：不，日本人也用汉字。

学生：不，日本人也用汉字。
老师：（指着板书）我们可以说……
学生：除了中国人（以外），日本人也用汉字。

（二）操练一：回答问题

（常见形式 a）

1. 出国旅行的时候，必须随身携带什么证件？
（提示：除了护照以外，还必须携带签证。）
2. 在中国/美国你都去过什么地方？
3. 你喜欢什么样的饭菜？
4. 要保持身体健康，应该注意什么？
5. 造成交通事故的原因很多，除了醉酒驾车以外，还有哪些原因？
6. 除了学习中文以外，你还对什么感兴趣？
7. 要想学好中文，我们应该怎么做？
8. 影响社会进步的因素都有哪些？

（常见形式 b）

1. 你们家只有你爸爸会开车吗？
（提示：我们家除了我爸爸以外，我妈妈/我也会开车。）
2. 我知道你喜欢游泳，你朋友当中还有谁喜欢游泳？
3. 美国青山州是个旅游胜地，还有什么地方是旅游胜地？
4. 美国只有纽约的交通很乱吗？
5. 除了北京以外，还有什么地方有很好的学习中文的项目？
6. 油炸的食物对健康有害，还有什么东西对健康有害？

（三）操练二：句子转换

1. 我学中文，也学中国文化和中国历史。→
（提示：除了学中文，我还/也学中国文化和中国历史。）→
2. 在我家，我妈妈爱喝咖啡，我也爱喝咖啡。→
3. 大都会博物馆每星期一到星期五开门，周末也开门。→
4. 他什么水果都爱吃，比方说，香蕉、菠萝、苹果什么的。→

（四）操练三：完成句子

（常见形式 a）

1. 每年，除了暑假以外，____________________。（提示：春假，寒假）
2. 我很喜欢旅行，除了中国以外__________________。
3. 我非常喜欢听音乐，__________________。
4. 美国有很多快餐店，__________________。

（常见形式 b）

1. 我们班，除了我是纽约来的，__________________。

（五）开放式活动：小组讨论

两、三人一组对以下话题进行讨论，然后向全班报告。

1. 谈谈学中文的好处并谈谈怎么样才能学好。
2. 谈谈运动的好处，并谈谈如何保持身体健康。

从……起

一、教师须知

（一）语义、功能及注意事项

“从……起”是介词短语，表示从某一个时间开始。“从”的后面可以是“时间词语、动词短语或小句组合”(吕叔湘 2003, 130 页）。

参考文献：吕叔湘（2003）；叶德明（2003）

（二）常见形式

形式 / 例句	主语	从	表示某一时间点的词语	起	(主语)	谓语
1	你们	从	明天早上	起		不必那么早上班了
2		从	明年一月一日	起		新的教学大楼将正式启用
3		从	上小学那天	起	我弟弟	没有缺过课
4	小王	从	搬进宿舍那天	起		就和我成了好朋友
5		从	接到喜帖那天	起	我	开始考虑穿什么样的礼服去参加她的婚礼

二、课堂操作程序

（一）语言点导入：问答式导入

（板书“从……起”）

老师：你是什么时候开始学中文的?
学生：……（中学、上大学）
老师：（指着板书）我们可以说……
学生：我从上中学的时候起就开始学中文了。

老师：我们什么时候放寒假?
学生：……（12 月 16 号、12 月的第三个星期）
老师：（指着板书）我么可以说……
学生：我们从 12 月 16 号起放寒假。

（二）操练一：句子转换

1. 后天开始，我们早上七点上课。
2. 他五岁开始上学，一直上到三十岁。
3. 他本来不念书，可是老师说要考试以后，他每天都念书。
4. 以前我常跟小王一起吃饭。她有了男朋友以后，我们就很少在一起吃饭了。

（三）操练二：完成句子

1. 我找到新工作了，从明天起，我就 ________________________________。
   （得早起了/不来这里上班了）
2. 我决定从下个月起，________________________________。
   （每天练习写汉字/再也不抽烟了/不开快车了）
3. 房租从 ______________ 开始算。(搬进来那天)
4. 我想孩子大概生病了，因为他 ________________________。
   （早上/就一直哭；昨天晚上/就不断咳嗽）

（四）操练三：回答问题

1．你是从什么时候开始对中文有兴趣的？（某岁/某年某月/有中国同屋那天）
2．你希望从明年开始中文课有什么改变？（功课越来越少/不必听写/没有考试）
3．美国机场的安全检查从什么时候开始变得很严？

（五）开放式活动：看表说故事

时间	年龄	经历
1998.9	18	研究国际政治
2002.6	22	到华盛顿工作
2003.6	25	到香港工作→对中国文化感兴趣
2003.12.31		认识林美英→学中文
2007.1		计划婚事

（参考答案）因为父亲是外交官，所以小李对国际关系一直很感兴趣。跟父亲一样，他从________________________。大学毕业以后，他决定为政府工作，于是他从________________________________。一年以后，政府决定让他去香港工作，从那时候起，他 __________________。在那一年的新年晚会上，他认识了美英，他本来不会说中文，可是从 __________________，他开始学习中文。他每天都努力练习，现在他的中文说得好极了。小李和美英相爱了。从____________________，下个月就要结婚了。小李觉得他是世界上最快乐的男人。

从而

一、教师须知

（一）语义、功能及注意事项

“从而”是书面语，“用于后一小句开头，沿用前一小句的主语”（吕叔湘 2003，131-32 页）。表示在一定的条件或情况下（前一小句）产生某种结果或导致进一步的变化或行动（后一小句）。“从而”有时可以省略，但使用后，文体更为正式。

参考文献：吕叔湘（1996）；北京大学现代汉语语料库；台湾中央研究院现代汉语平衡语料库

(二)常见形式

形式／例句	小句 1		小句 2	
	主语	谓语部分	从而	谓语部分
1	秦始皇	统一七国	从而	使中国由分裂状态变成了中央集权的国家
2	本公司	通过研发和生产新款油电混合车，减少了石油的使用和废气的排放	从而	使环境得以改善
3	中国各大城市	都修建了四通八达的高速公路	从而	改变了交通不便的状况

二、课堂操作程序

（一）语言点导入：问答式导入

（板书“从而”）

老师：使用手机有什么好处?

学生：随时随地都可以打电话。

老师：这样是否提高了办事效率?

学生：是。

老师：因此我们可以说……

学生：使用手机随时随地都可以打电话，从而提高了办事效率。

（二）操练一：完成句子

1. 他担任市长期间认真解决市民的住房问题，从而______________。
   （提示：获得了市民对他的支持）
2. 政府推行社会和经济改革，从而__________________________。
   （提示：促进了国家的繁荣和发展）

3. 在老师的耐心指导下，我收集到了准确的数据，从而使________。
(提示：比较顺利地完成了这次实验)

（三）操练二：回答问题

1. 电脑发明以后，使用电脑的人越来越多，人们的生活/工作受到了什么影响？（提示：生活越来越便利/工作效率越来越高）
2. 中国实施计划生育政策以来，人口初步得到控制，人们的生活水平/教育质量等发生了什么变化？（提示：生或水平提高了/教育质量改善了）

（四）开放式活动：自由发言

近年来，人们保护环境的意识增强了，出现了那些新气象？

从来不/没(有)……

一、教师须知

（一）语义、功能及注意事项

“从来”是副词，“表示从过去到现在都是如此。……多用于否定句”（吕叔湘 1999, 132 页)。“从来不”表示到现在为止都是如此，说明的是一种习惯或状态；“从来没(有)……”则表示到过去某一时点或到现在为止，没有某种经验，需与“过”一起用。例如：

1. 他一闻到肉味就恶心，所以从来不吃肉。
2. 他们结婚以后相敬如宾，从来没红过脸。
3. 他上大学以前从来没坐过火车。

“向来”、“历来”和“从来”用法上基本相同，但是“向来”多用于肯定句，“历来”也多用于肯定句，且多用于书面表达（同上)。

参考文献：吕叔湘（1999）

（二）常见形式

a)

形式 / 例句	主语	从来不	动词短语/形容词短语
1	我	从来不	喝酒
2	林太太	从来不	开快车
3	小李	从来不	请人到她家里吃饭
4	她	从来不	紧张

b)

形式 / 例句	(过去某一时间)	主语	从来没(有)	含有“过”的动词短语或形容词短语
1		她	从来没	去过法国
2	以前	我们	从来没	听说过这么奇怪的事
3	结婚以前	他的屋子	从来没有	这么整齐过

二、课堂操作程序

（一）语言点导入：问答式导入

（板书“从来不/没(有)……”）

老师：我的家人都没有喝过咖啡，你说我家里会不会有咖啡的味道?

学生：不会。

老师：为什么?

学生：（老师指着板书）因为你的家人从来不喝咖啡。

老师：你们知道不知道中国白酒的味道？
学生：不知道。
老师：为什么？
学生：（老师指着板书）因为我从来没喝过中国白酒。

（二）操练一：句子转换

1．小王从小到现在都不喜欢打扫房间。→
2．我从小到现在都不喝咖啡。→
3．从小到大，他都没去过外国。→
4．到目前为止，他都没做过家务事。→

（三）操练二：回答问题

1．你从来不做什么/吃什么/喝什么/去什么地方？
2．你从来没做过什么/吃过什么/喝过什么/去过什么地方？

（四）操练三：完成对话

1. A：这种酒好喝吗？
B：不知道，我 ________________________。
A：这种酒不错，喝点儿吧！
B：谢谢。我不喝，我 __________________。
2. A：你觉得纽约的交通状况怎么样？
B：我不太了解，因为 __________________。
3. A：听说那家中餐馆的菜做得很地道。你吃过吗？
B：________________________________。

（五）开放式活动：自由发言

1．从学习、个性、生活习惯等方面谈谈你个人的生活经历。
2．请谈谈你熟悉的一个人的生活经历。

当……时

一、教师须知

（一）语义、功能及注意事项

“当……时”与“当……的时候”相同，“表示事件发生的时间。用于书面。……多用在主语前，有停顿”（吕叔湘 2003，148 页）。“当……时”“必须跟小句或动词短语构成的时间词语组合，不能跟单独的时间词组合”（149 页）。例如：

1. 当春天到来时，满园的花都开了。
2. * 当春天时，满园的花都开了。

“当”的前面可以有“每”修饰，意思是“每一次”，这时可省略“时”。如：每当朋友来访，他都热情招待。

参考文献：吕叔湘（2003）；王还（1999）

（二）常见形式

形式 / 例句	当……时	主句
1	当秋天到来时	树上的叶子都变红了
2	当我遇到困难时	朋友们都会伸出援助之手
3	每当孤独时	他都找朋友倾诉
4	每当面临挑战时	我们都应勇敢面对

二、 课堂操作程序

（一）语言点导入：问答式导入

（板书“当……时”）

老师：如果你在学习中遇到问题，一般来说，你会怎么做?

学生：问老师。（问同学，找助教）

老师：（指着板书）我们可以说……

学生：当我在学习中遇到问题时，我会问老师。

（二）操练一：回答问题

1. 当你难过时，谁会来安慰你?
2. 当你想家时，你会想听一听谁的声音?
3. 当朋友遇到困难时，你会怎么做?
4. 当你快乐时，你会与谁分享?
5. 当你的朋友感到孤独时，你会建议他做什么?

（三）开放式活动：描述

给每人几分钟的时间写下自己某一时刻的心情，或遇到某种特殊情况时的感受，也可描述自然景观，然后读给全班听。如：当我想起家人（时），就会觉得非常温馨。当夜幕降临（时），满城的灯就都亮了。

到……（动词/形容词 + 到……）

一、教师须知

（一）语义、功能及注意事项

“到”后面可以是表示处所的名词，“表示人或物随动作到达某地”，也可以是表示时间的名词，“表示动作继续到什么时间”；还可以是“表示动作或性质状态达到某种程度[的]……数量短语或表示程度的词语”（吕叔湘 1999, 152 页）。需要注意的是，“死、结婚、毕业”等表示动作或状态的非持续动词不适用于此语法点。

参考文献：刘月华等（1996）；吕叔湘（1999）；台湾中央研究院现代汉语平衡语料库

（二）常见形式

a)

形式 / 例句	主语	状语	动词	到	处所/时间/程度	其它成分
1	我	从东岸	飞	到	西岸	
2	他		工作	到	下午两点半	
3	我们	刚	学	到	第三课	
4	我们		聊	到	天亮	才睡觉
5	小王		笑	到	眼泪都流出来了	
6	事情	已经	发展	到	十分严重的地步	却还没引起重视
7	西红柿		长	到	全红	才可以摘下来

b) 动词带宾语

形式 / 例句	主语	动词	宾语	动词	到	处所/时间/程度	其它成分
1	他	抽	烟	抽	到	七十岁	才戒掉
2	他	喝	酒	喝	到	不省人事	
3	他	吹	牛	吹	到	不知道自己姓什么	

二、课堂操作程序

（一）语言点导入：问答式导入

（板书“动词 / 形容词 + 到……”）

老师：昨天晚上你把作业写完了吗？

学生：写完了。

老师：你是几点钟写完的？

学生：十一点。（十二点半、一点钟）

老师：（指着板书）我们可以说……

学生：昨天晚上我写作业写到一点钟（才写完）。

（二）操练一：完成句子

1. 晚会以后，我朋友把我一直送到 ______________________。
2. 昨晚雨下得很大，一直下到 ______________________。
3. 他们很久没见了，所以昨天晚上聊天聊到 ______________________。
4. 他们边吃饭边聊天，吃到 ______________________。
5. 他没有钱，衣服都穿到 ______________________（破了）才丢掉。

（三）操练二：句子转换

1. 今天没课，所以他昨天晚上看电视看了很久，十二点半才睡觉。→
2. 他昨天睡的时间不长，今天早上五点就起床了。→
3. 他做的饭太好吃了，我吃得都走不动路了。→
4. 他很想家，他吃不下饭也睡不着觉。→

（四）操练三：回答问题

1. 你昨天玩到什么时候才回家?
2. 我们上课要上到几点钟才能休息?
3. 他为什么看起来有点儿累?
4. 你为什么说他学习/工作很努力呢?（半夜才休息，连饭都没时间吃）

（五）开放式活动：自我介绍

谈谈你在大学或工作单位的作息时间，还有生活习惯和兴趣爱好等。

到底

一、 教师须知

（一）语义、功能及注意事项

"到底"是副词，用在疑问句中，用来表示追问，要求得到明确的答复。"到底"一般用在主语后面，但主语是疑问代词时，"到底"必须放在主语前，例如："到底谁拿走了我的书？"。"到底"不能与带"吗"的问句搭配使用。例如，可以说"你到底买不买这件衣服？"，但是不能说"*你到底买这件衣服吗？"

"到底"的其他义项和用法这里不讨论。

参考文献：吕叔湘（1999）；叶盼云、吴中伟（1999）

（二）常见形式

a) 正反问句

形式 / 例句	主语	到底	正反问句
1	你	到底	去不去
2	他	到底	吃没吃饭
3	他做的饭	到底	好不好吃

b) 选择问句

形式 / 例句	主语	到底	动词词组 1＋还是＋动词词组 2
1	他	到底	是老师还是学生
2	你	到底	要喝咖啡还是喝冰茶

c) 特指问句

形式 / 例句	主语	到底	含疑问词的动词词组
1	你	到底	想吃什么
2	你	到底	有多少钱

d) 疑问代词作主语

形式 / 例句	到底	主语	动词词组/形容词词组
1	到底	谁	赢了
2	到底	哪部电影	更好看

二、课堂操作程序

（一）语言点导入：问答式导入

（板书“到底”）

老师：今天下午我们一起去玩吧。你们想做什么？

学生：（老师让学生自由回答，学生可能说出）去爬山/去湖边/去钓鱼……

老师：（指着板书带学生说出）你们到底想做什么？

（二）操练一：完成句子

1. 你一会儿说这部电影好看，一会儿说那部电影好看，____________________？
2. 你昨天打算跟我们去旅行，今天又打算跟他们去旅行，__________________？
3. 你刚刚说是小李拿了你的书，现在又说是小王拿了你的书，______________？

（三）操练二：根据情景，用“到底”提问

1. 今天晚上学校有电影，你的同学一会儿说去，一会儿说不去，你会说什么？
2. 暑假就要开始了，你的朋友又想上暑期班，又想去工作，决定不下来。
3. 学校有很多课外活动，你的同学觉得唱歌很好，学习太极拳和做中国饭也很好，都想参加，可是每个人只能学一样。于是，他来问你。
4. 今天晚上有舞会，你有很多漂亮衣服，你试试这件，觉得不错，试试那件也觉得很合适，你问你的同学怎么办。

（四）开放式活动：角色扮演

1. A 在跟 B 讨论晚上做什么。

A：我们今天晚上做什么好啊？

B：看电影怎么样？

A：电影院太远了。

B：那我们在家看电视吧。

A：待在家多没意思。

B：那我们去酒吧喝酒吧？

A：酒吧太吵了。

B：那你到底 ____________？

老师给学生分组，仿照上面的例子做对话，讨论晚上去朋友家吃饭带什么礼物去，穿什么衣服去，以及怎么去。

2. 学生两人一组，扮演一对夫妻或朋友正打算出国旅游/购买房子或某物，两人的意见不同，却又没有一方能下定决心或做决定。

倒好

一、教师须知

（一）语义、功能及注意事项

“倒好”表示对别人不满意，认为别人没做应该做的事（王还 1999，93页），含有埋怨的语气。

参考文献：王还（1999）

（二）常见形式

例句＼形式	上文	主语	倒好	不该做的事
1	大家都忙着工作	小李	倒好	在一边儿看报纸
2	我们到处找他	他	倒好	自己回家睡觉去了
3	我们都为迷了路着急	小王	倒好	跟没事儿似的

二、课堂操作程序

（一）语言点导入：问答式导入

（板书“倒好”）

老师：明天晚上有晚会，你们都在厨房里忙着做饭，但是有一个同学却不来帮忙，一个人在客厅里看电视，而且又吃又喝。你们高兴吗?

学生：不高兴。

老师：（指着板书）为什么?

学生：我们都忙着做饭，他倒好，一个人在客厅里看电视！

（二）操练一：完成句子

1. 周末大家都想睡个懒觉，我的同屋倒好，________________。
   （提示：一大早就把音乐开得太响）
2. 我忙得要死，你倒好，不来帮忙，______________________。
   （提示：在一边儿看报）
3. 你不让我喝酒，说酒对身体不好，可你倒好，_____________。
   （提示：每天喝个没完）

（三）操练二：按情景完成句子

1. 情景：王太太做家事很忙，王先生不帮忙，却一个人在看电视。
   王太太生气地说：____。
2. 情景：小王病了，医生要他睡觉休息，可是他不，却跟朋友喝酒去了。
   小王的妈妈很不高兴，她对小王说__________________________。
3. 情景：别人学习都很认真，小王却整天玩电脑游戏。

小王的学习成绩不好，______________________________。
（提示：别人学习都很认真，小王倒好，整天玩电脑游戏。）

（四）操练三：句子转换

1. 大家都忙着准备今晚的晚会，他却跑出去玩儿了。→
2. 老张常帮小李，小李却常在背后说老张的坏话。→
3. 全家都在等客人一起吃饭，弟弟不等，一个人先吃起来了。→

（五）开放式活动：描述

描述一个特别的人，比如：一个很懒、贪玩、不用功、没有礼貌、胆小的人等。例如：大家都在学习，他倒好，一个人在房间睡觉。

……倒是……，可是……

一、教师须知

(一) 语义、功能及注意事项

本语言点多数用于对话中，含有“倒是”的小句，有时表达的是认同发话者或上文所述（见例 1），有时表达的是不认同发话者或上文所述（见例 2）。“倒是”所带的小句之后，常有“可是、但是、不过、就是” 等（吕叔湘 2002，154 页），引出其他看法或意见，例如：

1. A：这个相机很贵。别买了。

   B：贵倒是很贵，但是质量很好。

2. A：他的中文真好。他一定非常聪明吧?

   B：他聪明倒是不算聪明，但是他特别努力。

“倒是”前后可以是两个完全相同的单纯的形容词或动词，也可以省略“倒是”前面的部分，如果要添加任何其他成分，只能在“倒是”后面添加，如常见形式中的第 3、4 句。

如果“倒是”的后一小句与“就是”搭配，则 “倒是”所带的小句必须先认同发话者或上文所述的正面意见，而“就是”后面必须是负面看法。另外，整句只能有一个主语或话题，如常见形式中的第 4、5 句。

参考文献：吕叔湘（2002）

（二）常见形式

形式 / 例句	(话题+) 主语	(动词/ 形容词)	倒是		可是/但是/ 不过/就是	形容词词组/ 动词词组/小句
1	去国外旅行	花钱	倒是	花钱	但是	很值得
	这件衣服		倒是	非常便宜	不过	样子不好
2	我		倒是	很想跟你们去北京	可	我没有时间
3	这本书我	看	倒是	看了	但是	没有仔细看，就是翻了翻
4	这个小镇	安静	倒是	挺安静的	就是	买东西不方便
5	这部电脑	好	倒是	好	就是	贵了点儿

二、课堂操作程序

（一）语言点导入：问答式导入

（板书"……倒是……可是……"）

老师：中文难不难？

学生：很难。

老师：可是很有意思，对不对？

学生：对。

老师：中文很难，你们为什么还学？

学生：（老师指着板书带学生齐答）中文难倒是很难，可是很有意思。

（二）操练一：句子转换

1. 中文是很难学，我知道，可是学了以后比较容易找到工作。
2. 这件衣服确实很便宜，我已经看到价钱了，但是它的式样实在太老旧了。
3. 开车很方便，我当然知道，不过现在油价太高了，开车很不划算。
4. 我同意你说的天天走路去上学很累，但是可以让身体比较健康。

（三）操练二：完成对话

1. A：大城市交通很方便，你为什么不住在大城市？
   B：________________________________
2. A：BMW 车很舒服，你为什么不买呢？
   B：________________________________
3. A：这套公寓这么小，你为什么还想租呢？
   B：________________________________
4. A：你会说中文，那一定也看得懂中文报纸吧？
   B：________________________________
5. A：纽约不太安全，你为什么要住在那儿？
   B：________________________________

（四）操练三：回答问题

1. 纽约的空气不好，可是很多人想住在纽约，为什么？
2. 有很多学中文的学生都很想去中国，为什么到现在还有人没去呢？
3. 这个学生很聪明，为什么学习不好呢？
4. 大家都觉得滑雪很好玩儿，为什么很多人不学呢？
5. 住学生宿舍很方便，为什么大家都要搬到外面去住呢？

（五）开放式活动：旅行计划

将学生分成小组，讨论春假的计划，包括去哪儿、怎么去、住在什么地方、参观什么地方、几个人一起去等。老师提醒学生用"倒是……可是……"句型。如：

A：我觉得我们应该去北京。

B：北京倒是不错，可是我觉得去上海更好，因为上海比较近。

C：上海倒是比较近，但是我不喜欢大城市，我们去爬山怎么样？

得 （程度补语）

一、教师须知

（一）语义、功能及注意事项

"得"是结构助词，有若干用法，本条目只讨论"得"在程度补语中的使用。

学生容易犯的错误有：

1. 在V＋O结构后，忘记重复动词，如：
   *他喝水得很少。应改为：他喝水喝得很少。
2. 在动词后面，忘记使用"得"，如：
   *我们来很早。应改为：我们来得很早。
3. 在否定形式中，把"不"放在动词的前面，如：
   *他不跑得很快。应改为：他跑得不很快。

参考文献：刘月华等（2001）；卢福波（1996）

（二）常见形式

a)

形式 / 例句	主语	(动词+宾语)	动词/形容词	得	程度补语
1	小李	说话	说	得	不清楚
2	小王		说	得	很慢
3	我弟弟	吃饭	吃	得	非常多
4	他	学中文	学	得	很好
5	你		走	得	相当快
6	那件衣服		贵	得	很
7	他		高兴	得	流下了眼泪
8	他		笑	得	肚子都疼了
9	我		忙	得	不得了

b)

形式 / 例句	(……) 话题	动词	得	程度补语
1	我妈妈上海菜	做	得	最好
2	这张画	画	得	非常美
3	语法，那位老师	讲	得	很清楚

二、课堂操作程序

（一）语言点导入：问答式导入

（板书“V得；V＋O＋V＋得；N，V得”）

老师：（在黑板上写一个字，比如“国”，然后问学生）你们觉得这个字漂亮吗？

学生：漂亮。

老师：所以我们可以说：老师写得……（指着“V得”）

学生：老师写得漂亮。

老师：不好，要用“很”，我们应该说：老师写得……

学生：老师写得很漂亮。

老师：这是不是汉字？

学生：是。

老师：所以你们还可以说：老师写……

学生：老师写汉字写得很漂亮。（指着“V＋O＋V＋得”）

老师：好，我们还可以说：这个汉字……（指着“N，V得”）

学生：这个汉字老师写得很漂亮。

老师：很好，但是我们也可以不用说“老师”……

学生：这个字写得很漂亮。

老师：（总结一下以上几种不同的形式，让学生进一步熟悉）

（二）操练一：回答问题

1．你说中文说得怎么样？
2．你歌唱得怎么样？谁唱得最好听？
3．你做饭做得怎么样？你妈妈做得好还是你爸爸做得好？

（三）操练二：连词成句

老师事先把以下各组词语写在卡片上，让学生用不同形式的程度补语来描述。

1. 说法文 / 流利
2. 画画儿 / 漂亮
3. 打篮球 / 好
4. 跳舞 / 好看；唱歌 / 好听
5. 学中文 / 进步 / 快
6. 起床 / 早；睡觉 / 晚

（四）操练三：句子转换

1. 功课太多了，我受不了了。（注意不要让学生保留“太”）→
2. 小张很忙，没有时间吃饭。→
3. 王小姐这件衣服很漂亮，像花一样。（注意“漂亮”前不能用“很”）→
4. 他太饿了，走不动了。（注意不要让学生保留“太”）→

（五）开放式活动：介绍一个朋友

谈谈他/她的生活习惯，学习情况，兴趣爱好，比如：吃饭、睡觉、走路、说话、做功课、考试、运动、看电影等。

…… 得不能再……了

一、教师须知

（一） 语义、功能及注意事项

"……得不能再……了"，用形容词或状态动词对人或事物进行最高程度的描述，常用于口语并带有夸张的意味。"得不能再"前后两个词相同，表达说话人的强烈的喜爱、厌恶、赞美、批评等感情色彩。形容词可以是正面的、积极的，如：好、多、美；也可以是负面的、消极的，如：坏、少、丑。

（二） 常见形式

形式 / 例句	话题/主语		形容词/状态动词	得不能再	形容词/状态动词	了
1	他的脾气		好	得不能再	好	了
2	姐姐的衣服		多	得不能再	多	了
3	他穿的衬衫		花	得不能再	花	了
4	这只猫		胖	得不能再	胖	了
5	今天的天气		热	得不能再	热	了
6	这间屋子		暗	得不能再	暗	了
7	这个小偷		坏	得不能再	坏	了
8	现在的孩子		幸福	得不能再	幸福	了
9	他	对太太	体贴	得不能再	体贴	了
10	我	对他	羡慕	得不能再	羡慕	了

二、课堂操作程序

（一）语言点导入：问答式导入

（板书"……得不能再……了"）

老师：你的父母对你好不好?

学生：非常好。

老师：好到什么程度? （指着板书）

学生：父母对我好得不能再好了。

老师：你喜欢学中文吗?

学生：非常喜欢。

老师：有多喜欢? （指着板书）

学生：我喜欢得不能再喜欢了。

（二）操练一：句子转换

1. 他房间里乱得不得了。→
2. 他的房间里几乎没有什么东西。→
3. 这个巧克力怎么这么甜！→
4. 比尔·盖茨的财富可真不少。（比尔·盖茨是世界上最有钱的人。）→

（三）操练二：完成句子

1. 这辆公共汽车上的人________________________________。（多/挤）
2. 这杯咖啡____。（甜/苦/淡）
3. 他不吃不喝好几天了，已经__________________________。（瘦）
4. 二手店的衣服____________________________________。（便宜）
5. 我爷爷开车开得特别慢，真是________________________。（慢）

（四）操练三：回答问题

1. 听说你的女朋友很漂亮，到底有多漂亮？
2. 我想租你得公寓。你的公寓房子安全吗？
3. 你常去这家餐厅吃饭，他们的牛肉做得怎么样？值得去点吗？（好吃）

（五）开放式活动：品头论足/推荐或介绍

1. 找一些夸张的人物图片，描述其外表、长相、特征等。例如，他的鼻子大得不能再大了。
2. 以夸张的手法描述某政治人物、电影明星、运动员或企业界名人的个性、外貌、行为举止等。（形容词：大方/小气/漂亮/可爱/固执/做作/聪明/笨）
3. 向朋友推荐一家餐厅或者给朋友介绍一个女（男）朋友。

V 得起/V 不起

一、教师须知

（一）语义、功能及注意事项

"V 得起/V 不起"一般用来指经济上能否负担，但有时也可表示是否有精力、时间或者其他条件来做某件事。本条目只讨论经济上能否负担的义项和用法。

"V 得起"是肯定形式，"V 不起"是否定形式，疑问形式可在句末加"吗"，也可以是"V 得起 V 不起"。

参考文献：吕叔湘（1994）；王还（1999）

（二）常见形式

a)

形式 / 例句	话题	主语	V 得起/V 不起
1	这家汽车旅馆	我们	住得起
2	这样的跑车	他	买不起
3	私立学校	穷人的孩子	上得起上不起

b)

形式 / 例句	主语	V 得起/V 不起	宾语
1	一般人	吃得起	麦当劳
2	他父母	负担不起	他的大学学费
3	我	穿不起	这么贵的衣服

二、课堂操作程序

（一）语言点导入：问答式导入

（板书语言点"V 得起/V 不起"）

老师：纽约曼哈顿的房子贵不贵?

学生：很贵。

老师：你想在那儿买房子吗?

学生：不想。

老师：为什么呢?

学生：（老师指着板书带全班齐说）那里的房子我买不起。

老师：也可以说，我……

学生：（老师指着板书带全班齐说）我买不起那里的房子。

（二）**操练一：句子转换**

1. 那本词典非常有用，但是我没有钱买。→
2. 有钱的人可以花钱去打高尔夫球。→
3. 去看那个歌剧太贵了，我没那么多钱。→

（三）**操练二：完成句子**

1. 这本字典一点儿都不贵，我________________________________。
2. 有的穷人生病的时候不去看医生是因为________________________。
3. 在美国，一般的人______________医疗保险？（练习如何提问）
4. 听说那所大房子的主人把它卖给政府了，因为__________________。
5. 我只是个穷学生，____________________________________。

（四）**操练三：回答问题**

1. 你现在有钱买汽车吗？那自行车/飞机呢？
2. 去旅行的时候，你会不会住五星级宾馆？
3. 为什么很多美国穷人没有医疗保险？
4. 要是没有保险，你看得起病吗？
5. 为什么有的学生学习非常好，可是没有上最好的大学？

（五）**开放式活动：讨论**

1. 请你们说说改革开放前后，中国人的生活有了什么样的变化？
2. 在你看来，穷人和富人的生活有什么不同？

得以

一、教师须知

（一）语义、功能及注意事项

“得以”是助动词，表示“能够，可以。不能单独回答问题，没有否定式 。多用于书面”（吕叔湘 1999， 156 页）。“得以”所带的小句可表示事情受到某些因素影响而有某种结果。“得以”可以出现在前一小句或后一小句中。当“得以”出现在后一句时，“得以”的前面可加“方、才、总算、终于、因此”等词。当“得以”出现在前一小句时，后面的小句中，可以用“靠的是、是因为、原因是”等词语搭配。“得以”所带出的结果不能是负面的，例如，不能说“*得以失败”。

参考文献：吕叔湘（1996）；北京大学现代汉语语料库；台湾中央研究院现代汉语平衡语料库

（二）常见形式

a)

形式 / 例句	第一小句			第二小句				
	连词	主语	谓语	连词	主语	副词	得以	动词词组
1	由于	众人	齐心协力		此次任务	方	得以	顺利圆满完成
2		任务	顺利完成		他的精神	才	得以	放松
3		天气	逐渐转好	因此	航班		得以	正常起降

b)

形式 / 例句		(副词)	(使+宾语)	得以	(使+宾语)	动词词组
1	训练员工的目的在于		使新员工	得以		尽快熟悉公司运作情况
2	大家分工合作	才		得以	使工作	顺利进行
3	父母的支持		使小张	得以		完成学业

c)

形式 / 例句	主语	得以	动词词组 1	(主语+) 动词词组 2
1	我	得以	完成大学学业	要感谢父母师长的关爱与栽培
2	历代古迹	得以	保存流传至今	全靠政府相关单位的努力
3	自由党	得以	大获全胜	其廉洁的形象和具体的政见是当选的主要原因

二、课堂操作程序

（一）语言点导入：问答式导入

（板书：得以）

老师：（先放一小段录音，然后问全班）这个中文学生的发音很标准，你们想他是怎么做到的？

学生 1：他天天练习发音。

学生 2：他一定常常听录音。

老师：没错，他的确是这么做的。（然后问全班同学）他是怎么做到的？

学生：他天天练习发音，常常听录音。

老师：（指着板书）所以我们可以说……

学生：他得以有如此标准的发音是因为他天天练习。

老师：要有这么标准的发音容易吗？

学生：不容易。

老师：所以应该在"得以"的前面加上"才"，表示他努力以后才做到的。（示意学生再说一遍）

学生：他天天练习发音，常常听录音，才得以有这么标准的发音。

老师：我们也可以说：他天天练习发音，常常听录音，发音才得以这么标准。（示意学生再说一遍）

学生：他天天练习发音，常常听录音，发音才得以这么标准。

老师：他得以有这么标准的发音，是因为什么？

学生：是因为他天天练习发音，常常听录音。

老师：我们也可以说……

学生：他得以有如此标准的发音，是因为他天天练习，常常听录音。

（二）操练一：完成句子

1. 由于政府的政策正确，国家的经济才得以______________。
   （提示：稳定发展 /……）
2. 小王一直想完成去欧洲旅行的计划，他花了一年的时间打工赚钱，终于得以________________。
   （提示：完成去旅行的计划）
3. 这些流浪汉得以度过严冬，全靠______________________。
   （提示：慈善组织/好心人的帮助）
4. 中国得以控制住人口爆炸的趋势，靠的是______________。
   （提示：独生子女的人口政策）
5. 父母的严格管教，使_____________得以_______________。
   （提示：使孩子得以走上正道）
6. 现代科技迅速发展，使____________得以_______________。
   （提示：人们的生活得以舒适便捷）

（三）操练二：句子转换

1. 我本来不能参加这次会议，但是因为同事答应帮我上课，我才参加了这次会议。→
2. 我父母没有钱让我念大学，我向政府贷款，念完了大学。→
3. 他夜以继日地工作，使计划如期完成。→
4. 小张出了严重的车祸。他活了下来，是因为医生抢救及时。→
5. 小王通过了这次医师资格考试，是因为他的妻子照顾全家，让他安心准备考试。→
6. 由于全体队员密切配合，使这次比赛大获全胜。→

（四）开放式活动：角色扮演

假设你是今年电影奖最佳男／女主角获奖者，请发表获奖感言，如:

我今天得以获奖，首先要感谢……

我的演技得以发挥，全靠……

这部电影得以成功推出，靠的是……

由于……努力，……才得以……

到了……的地步

一、教师须知

（一）语义、功能及注意事项

"到了……的地步"用来表示某种情况发展变化到了十分糟糕的境况。"地步"的前面必须用定语来形容或说明。

参考文献：李临定（1999）

（二）常见形式

形式 / 例句		到了	定语	地步
1	他的病已经	到了	无法救治的	地步
2	他才考了 70 分，就得意	到了	谁都看不起的	地步
3	他喝酒、吸毒，沦落	到了	无法自拔的	地步

二、课堂操作程序

（一）语言点导入举例

（板书"到了……的地步"）

老师：纽约的交通怎么样?

学生：很乱。

老师：（问学生 A）如果你每天要开车，你受得了吗?

学生 A：受不了。

老师：（问学生 B）你呢?

学生 B：我也受不了。

老师：纽约的交通乱得谁都受不了，是吗?

学生：（老师指着板书带全班齐答）是。纽约的交通乱到了谁都受不了的地步。

（二）操练一：句子转换

1. 他每天喝酒，喝得分文不剩。→
2. 她为了减肥常常不吃饭，现在见到饭就要吐。→
3. 他天天打麻将，晚上连家都不回。→

（三）操练二：完成句子（老师先把相关的词语写在纸板上）

1. 纽约的地价飞涨，____________________________（令人望而却步）。
2. 老王这种自私的做法____________________________（令人忍无可忍）。
3. 北京的交通问题____________________________（非解决不可）。

（四）操练三： 问答式操练（让学生随意回答，若有困难，老师可以适当提示）

1. A: 听说小王和他太太常常吵架。他们吵得厉害吗?
   B: 非常厉害，已经到了____________________________。（要离婚）
2. A: 这家公司债台高筑，是吗?
   B: 是，____。（濒临破产）
3. A: 报纸上说，那个国家两个政党的矛盾日趋激化，是这样吗?
   B: 对，已经到了___________________________________。（水火不容）

（五）开放式活动： 角色扮演

1. 辩论

在市长竞选辩论会上，在野党的候选人提出了现任市长在市政建设方面的种种问题，例如：我市主要街道的交通堵塞问题已经到了必须解决的地步了。现任市长则通过对比自己上任前与上任后的情况来说明自己的政绩，例如：在我上任前，市民对市政府的信任度低到了低得不能再低的地步，但是现在已经上升到了百分之六十三。

2. 报告

假设有一个城市必须重建，学生扮演观察者或调查者，向政府提出重建报告。

对……(客气/……)

一、教师须知

（一）语义、功能及注意事项

"对"是介词，用于引进动作、行为的对象或关系者，常与"客气、适应、有耐心、有影响、感兴趣、有兴趣"等搭配，而这些与之搭配的词汇前常有程度副词，如"很、非常、最、不太"等。

（二）常见形式

a)

形式 例句	主语	对	名词/名词词组/ 名词性词组	
1	那个小孩子	对	老师	很客气
2	我姐姐	对	这儿的气候	不太适应
3	他妈妈	对	他的学习成绩	很满意

b)

形式 例句	主语/话题	对	名词/名词词组/ 名词性词组	
1	多吃这种水果	对	皮肤	有好处
2	我的美国朋友	对	中国画	很有兴趣
3	你的话	对	他的决定	有一定的影响

二、课堂操作程序

（一）语言点导入：问答式导入

（板书"S对……客气/适应/感兴趣/有耐心/有影响"）

老师：你喜欢学中文吗？（然后叫一个学生回答）

学生：喜欢。

老师：他说他喜欢学中文，我们还可以怎么说？

学生：（老师指着板书带全班齐说）他对学中文很感兴趣。

（二）操练一：回答问题

1．在你家，谁对你最有耐心？
2．你对美国的哪个大城市比较熟悉？
3．在这个学校，你对什么满意？对什么不满意？
4．哪本书/哪部电影对你的生活有影响？

（三）操练二：完成句子

1. 老师说我的论文得重写。看样子____________________。（对……不满意）
2. 要是你打算选这门课，你最好买这本书。因为_________。（对……有帮助）
3. ____________________，所以你最好经常跑跑步。（对……有好处）
4. 小李每年有八个月的时间住在纽约，难怪_______________。（对…… 熟悉）
5. 小张在一个大公司工作，她工作特别努力，她的老板_______。（对……满意）

（四）操练三：根据情景说句子

1. 他觉得他这次考试的成绩不太好，他不太满意。（对……不满意）
2. 我和她是好朋友。我知道她喜欢什么，不喜欢什么。（对……很了解）
3. 有的人吃了花生以后会不舒服。（对……过敏）
4. 小王特别喜欢买书，他每个星期都会买一些书，可是他从来不看书。（对……感兴趣/不感兴趣）
5. 以前他的中文声调不太好，可是从上个学期开始，他每天都听中文广播，现在他的声调越来越好。（对……有帮助/有好处）

（五）开放式活动：描述

谈一个你熟悉的人。谈谈他对各方面事情的态度/兴趣/了解程度等。

对……来说

一、教师须知

（一）语义、功能及注意事项

“对……来说”表示“从某人、某事的角度来看”（吕叔湘 2002, 182 页）。“对……来说”中的“对”，可用“对于”替换，组成“对于……来说”。

参考文献：刘月华等（2003）；吕叔湘（2002）

（二）常见形式

例句＼形式	对(于)……来说	看法/评论
1	对他来说	运动就是最好的休息
2	对想去中国学中文的外国学生来说	可以选择的项目是很多的
3	对一个学校来说	为学生创造良好的学习环境是至关重要的
4	对山区农村来说	修路是基本建设的第一步

二、课堂操作程序

（一）语言点导入：问答式导入

（板书“对……来说”）

老师：我是中国人，我觉得说中文不难。你们觉得说中文难吗？

学生：（老师指着板书带全班齐说）对我们来说，说中文很难。

（二）操练一：完成句子

1. 对________来说，最高兴的事是孩子能够健康成长。
2. 对________来说，最难的是学写汉字。
3. 对________来说，房租是个很大的负担。
4. 对________来说，坐地铁是最方便的。

（三）操练二：回答问题

1. 你学过哪些外语？哪个语言容易一些，哪个语言难一些？
2. 你觉得写汉字，说汉语，哪一个更难？
3. 周末的时候，你觉得做什么最有意思？（学习/爬山/跟同学喝啤酒……）
4. 赚钱、学习，在上大学时哪个更重要？（对大学生来说）

（四）开放式活动：描述

谈谈你家人的爱好和所关心的事情。例如：对我爸爸来说，……；对我妈妈来说，……；对我姐姐来说，……

而已

一、教师须知

（一）语义、功能及注意事项

“而已”是助词，用在陈述句句末；由于谦虚、轻视或安慰等原因，“往往有把事往小里说的意味”（吕叔湘 1996, 169 页）。前面常有“不过、只、只是、无非、仅仅”等词。

参考文献：吕叔湘（1996）

（二）常见形式

形式 / 例句		而已	
1	她不过随便说说	而已	你不必认真
2	这只是我个人的看法	而已	不能代表大家的意见
3	我只是说我需要再考虑一下	而已	并没有拒绝你

二、课堂操作程序

（一）语言点导入：问答式导入

（板书“而已”）

老师：你的中文说得真好！你学了很多年了吧？你会怎么说？
学生：哪里哪里，我只学了两年。
老师：（老师指板书）我们还可以说……
学生：我只学了两年而已。

（二）操练一：完成句子

1. 你不必那么客气地感谢我。我没帮你什么，只不过……（帮你寄了一封信）
2. 这件衣服真漂亮，而且也不太贵，只要……（二十块）
3. 他不是个什么大明星，只是个 ……（小演员）
4. 我不是不同意你的观点，我仅仅 ……（说出了我的看法）
5. 我爸爸不是大商人，只是 ……（做点儿小本生意）

（三）操练二：句子转换

1. 你的病不是大病，就是小感冒。→
2. 我跟她不太熟，我们只见过两次面。→
3. 这两本书只是书名不同，内容没什么区别。→
4. 我哪儿是名厨啊，我只是在一个小饭馆帮人做饭。→

（四）操练三：谦虚地回应别人的恭维

1. 你做的饭真好吃，可以开餐馆了！ 你一定学了很长时间吧！你一定天天做吧！
2. 你家真漂亮，一定花了不少钱装修吧？一定用了很多心思吧！你的品味真好！
3. 老板又给你加薪了，你工作一定很出色，一定很努力，一定会升职！

（五）开放式活动：角色扮演

学生两人一组，扮演两个在各行业中表现成功的人，比如很成功的生意人、老师等，两人初次见面，但是已经耳闻对方的成就。请想尽办法互相恭维，并想尽办法谦逊地回应对方的恭维。

反而

一、教师须知

（一）语义、功能及注意事项

“反而”是副词，在句中起转折作用，常常与 “不但不、不但没” 连用。“不但不、不但没” 在前，引出因上文应该出现却没有出现的情况；“反而” 引出出乎预料的情况。有时，含有 “不但不/不但没”的分句不需要出现。

参考文献：吕淑湘（2003）

（二）常见形式

形式 例句	前提	含有“不但不/不但没”的分句	含有“反而”的分句
1	医生让他戒烟	他不但不戒	反而比以前吸得更多了
2	我吃了药	病不但没好	反而更重了
3	春天来了		天气反而更冷了
4	王老师叫我八点半来他的办公室		他自己反而没来

二、课堂操作程序

（一） 语言点导入：问答式导入

（板书 “（不但不/不但没）……，反而……”）

老师：今天早上我觉得有一点不舒服，所以吃了点儿药。现在我应该好一点儿，可是我觉得更不舒服了。(手指黑板上的句型引导学生说出下面的句子)

学生：你吃了药，可是你不但没好，反而更不舒服了。

（二） 操练一：句子转换

1. 她迟到了一个小时，没说对不起，还责怪她的男朋友来得太早了。→
2. 我的弟弟成绩不好，上了补习班，成绩没提高，却下降了。→
3. 我给他介绍一个对象，我以为他会感谢我，可是他竟然说我多管闲事。→
4. 他睡觉前吃了安眠药，以为能睡个好觉，却一个晚上没合眼。→

（三）操练二：完成句子

1. 我考试考得不好，我妈不但不安慰我，反而______________。（责怪我）
2. 我让他慢一点儿走，他反而______________________。（走得更快了）
3. 我工作很努力,老板不但不给我加薪,反而____________。（要辞退我）
4. 战争结束了，汽油价格不但没下降，反而____________。（上涨了）

（四）开放式活动：描述

描述一个奇怪的人或一种奇怪的现象，比如说难以捉摸的人、多变的天气等。

反之

一、教师须知

（一）语义、功能及注意事项

“反之”是连词，“从相反的方面说。用在两个小句、句子、段落中间，起连接作用，引出同上文相反的另一个意思。‘反之’后有停顿”（吕叔湘 1999，199页。）不用于叙述已发生的事实。这是比较书面的用语，后面也可用“则”或“就”搭配使用。

有时可将“反之”后面与第一分句形式相同、语义相反的部分省略，例如：

你对他好，他就对你好，反之（你对他不好）他就会找你麻烦。

要注意的是，“反之”与“反而”不同，“反之”连接的前后两个部分是从正反两个方面来说明同一个道理，而“反而”则是表达跟预期相反的意思。例如：

1. 我工作很努力，老板不但不给我加薪，反而要辞退我。
2. 如果你工作努力，老板会给你加薪；反之，老板可能会把你辞退。

参考文献：吕淑湘（1999）

（二）常见形式

形式 / 例句	句子或段落	反之	句子或段落
1	学习努力，成绩就会提高	反之	（学习不努力，）成绩便会下降
2	跟一个你喜欢的人在一起，是一种幸福	反之	跟一个你不喜欢的人在一起，是一种痛苦
3	心胸宽阔的人朋友多	反之	心胸狭窄的人朋友少
4	商品供不应求时，价格就会上涨	反之	（商品供过于求时，）价格就会下跌

二、课堂操作程序

（一）语言点导入：问答式导入

（板书“反之”）

老师：生活作息正常，饮食习惯良好，你的身体会怎么样?

学生：很健康。

老师：如果生活作息不正常，饮食习惯不好，就很容易怎么样?

学生：很容易生病。

老师：因此我们可以说（指着板书）……

学生：生活作息正常，饮食习惯良好，身体会很建康，反之，就很容易生病。

（二）操练一：句子转换

1. 做一件好事可能让你高兴一辈子，做一件坏事可能让你后悔一辈子。→
2. 如果你工作努力，老板会给你加薪；如果你工作不努力，老板会给你减薪。→
3. 商品供不应求时，价格就上涨；商品供过于求时，价格就下跌。→
4. 公司的经营业绩好，股票的收益就高；经营业绩差，股票的收益就低。→
5. 凡是法律没有明确禁止的行为就是合法的，法律明确禁止的行为就是违法的。→

（三）操练二：完成句子

1. 生活有规律对健康有好处，反之，____________________。
2. 电视节目的收视率高，广告就多，反之，_____________。
3. 容易的事，一般人都能做得好，反之，______________。
4. 为民谋福利的政策就是好政策，反之，_______________。
5. 一个国家越开放就会越民主，反之，_________________。

（四）操练三：回答问题

1. 学习努力不努力跟成绩好不好之间有什么关系?
2. 一个人的专业跟他找到工作之间有什么关系?
3. 自信跟成功之间有什么关系?
4. 经济发展的水平跟老百姓的生活水平之间有什么关系?
5. 公司的成本和利润之间有什么关系?

（五）开放式活动：辩论

两人一组，扮演两个总统/某市市长候选人在电视上辩论某些社会改革议题，如：如何改善贫穷问题、如何改善交通问题或如何控制房价上扬问题等。

凡是……都……

一、 教师须知

（一） 语义、功能及注意事项

“凡是”是副词，常用在句首，修饰名词性词组，和 “都” 构成 “凡是……都……”句型，“表示在一定范围里没有例外”（吕叔湘 1999，198 页）。 “凡是” 中的“是” 在书面语中可以省略。

在语义上，“每……都……” 和 “凡是……都……” 较接近，但是，“每……都……” 强调的是个体的共同点，而 “凡是……都……” 强调的则是一定范围内总体的共同点；在结构上，“每……都……” 中的 “每” 后面一定得用量词，而“凡是”后面则不用量词。例如：

1. 每个见过他的人都说他很帅。
2. 凡是见过他的人都说他很帅。

参考文献：李忆民（1995）； 吕淑湘（1999）；危东亚（1998）；北京大学汉语语言学研究中心现代汉语语料库

（二） 常见形式

a)

形式 / 例句	凡是	主语	都	形容词/形容词词语/动词/动词词语
1	凡是	老师	都	得有耐心
2	凡是	名牌产品	都	不便宜
3	凡是	经常运动的人	都	比较健康
4	凡是	人	都	得喝水、吃东西

b)

形式 / 例句	凡是	话题	主语	都	动词/动词词语
1	凡是	学过的生词	我	都	常常复习和练习
2	凡是	文学作品	我姐姐	都	喜欢看
3	凡是	海鲜	小高	都	不能吃

二、课堂操作程序

（一） 语言点导入: 问答式导入

（板书 “凡是……都……”）

老师：一年级的学生应不应该买一本中文词典?

学生：应该。

老师：二年级的学生呢?

学生：也应该买。

老师：学中文的学生都应该有中文词典，是不是?

学生：是。

老师：我们可以说……

学生：（老师指着板书带全班齐说）凡是学中文的学生都应该有中文词典。

（二） 操练一：句子转换

1. 我们学校图书馆的书和电影都可以借回去看。→
2. 要上大学的高中生都得参加大学入学考试。→
3. 老师教过的生词，你都得背下来。→

（三） 操练二：完成句子

1. 凡是＿＿＿＿＿＿＿＿＿＿，她都喜欢。
2. 凡是＿＿＿＿＿＿＿＿＿＿，我妈妈都记得。
3. 凡是＿＿＿＿＿＿＿＿＿＿，我的好朋友都会帮助我。

（四） 操练三：回答问题

1. 什么人喜欢看动画片?
2. 大学生都可以得到助学金吗?
3. 在美国什么人得交税?

（五） 开放式活动：讨论、辩论

1. 老师有哪些共同的特点？医生呢？律师呢?
2. 大城市普遍存在哪些问题？（人/多，房租/贵，交通/拥挤，环境/污染……）
3. 学生先说出自己的看法："凡是……的人都很幸福"，并举例说明，然后辩论。

反正

一、教师须知

（一）语义、功能及注意事项

"反正"是副词，"强调在任何情况下都不改变结论或结果。上文常有'无论、不管'，或表示正反两种情况的词语"（吕叔湘 2003，199 页）。

"反正"也可强调原因，例如"下午我想睡一觉，反正没有别的事可做"。在此不予讨论。

参考文献：吕叔湘（2003）

（二）常见形式

a)

例句＼形式	不管/无论	小句 1（问句形式）	反正	小句 2
1	不管/无论	父母怎么说	反正	我都要和我男朋友结婚
2	不管/无论	他说什么	反正	我不信
3	不管/无论	你去不去	反正	我都要去

b)

例句＼形式	小句 1	反正	小句 2
1	我父母同意不同意都没关系	反正	我要和我男朋友结婚
2	他说什么都没用	反正	我不信
3	你去不去，我不管	反正	我都要去

二、课堂操作程序

（一）语言点导入：问答式导入

（板书"反正"）

老师：这个周末，你们要不要去海边玩？

学生：要去。

老师：听说可能会下大雨，如果下大雨你们还要去吗？（指着板书）

学生：不管 下不下雨，反正我们要去。

（二）操练一：句子转换

1. 我一定要参加这场比赛，即使会输也要参加。→
2. 这次讲座改不改地点都没关系，我们都会去的 。→
3. 这套家具的价格跌了又跌，但我还是不想买。→

（三）操练二：回答问题

1. A: 明天谁都不去爬山，你也别去了，好吗?
   B: （提示：不管别人去不去，反正我要去。）
2. A: 这场音乐会的票太贵了，你还想听吗?
   B: （提示：不论票多贵我都不在乎，反正我要听。）
3. A: 你父母不同意你跟你的男朋友结婚，怎么办?
   B: （提示：无论他们同意不同意，反正我要跟他结婚。）

（四）开放式活动：克服困难去北京

你计划去北京学习一年的汉语。你的好朋友认为，你可能会碰到下列问题。

1. 你父母对中国不太了解，他们可能不同意你去那么远的地方。
2. 你和你女/男朋友会分开很长时间，她/他有可能不等你了。
3. 去北京学习要花很多钱，虽然你的成绩很好，但是有可能拿不到奖学金。
4. 去了中国以后，你可能不习惯那里的生活，会很想家。可是你认为这些都不是问题。请你告诉你的朋友为什么他/她不必担心。

在……方面，……

一、教师须知

（一）语义、功能及注意事项

本语言点常用来说明主语在某方面具有某特点。主语在“在……方面”前或后皆可。“在”与“方面”之间通常不用单音节词，例如：

1. 在饮食方面，中国南北不同。
2. *在吃方面，中国南北不同。

（二）常见形式

形式 / 例句		在……方面	
1		在运动方面	我比较喜欢跑步和游泳
2		在音乐方面	我弟弟很有天赋
3	中、日、韩三国	在饮食方面	各自都有特点
4	他	在学习方面	是我的榜样

二、课堂操作程序

（一）语言点导入：问答式导入

（板书“在……方面，……”）

老师：大城市的公共交通方便还是小城市的方便？

学生：大城市的方便。

老师：我们可以说……

学生：（老师指着板书带全班齐说）在公共交通方面，大城市比小城市方便。

（二）操练一：回答问题

1. 在生活习惯方面，你跟你父母一样吗？有什么不同？
2. 在兴趣方面，你跟你的兄弟姐妹一样吗？有什么不同？
3. 在称呼方面，美国人跟中国人一样吗？有什么不同？
4. 在饮食方面，中国人跟美国人一样吗？有什么不同？

（三）操练二：开放式问答

1. 为什么很多人喜欢住在大城市里？
2. 为什么很多人喜欢住在小镇上？
3. 中国跟美国有什么不同？
4. 改革开放以后，中国发生了什么改变？

（四）开放式活动：比较

1. 学生分组讨论私立大学和公立大学的相同和不同之处。

2. 学生分组讨论美国、英国、加拿大和澳大利亚这四个国家在语言、文化、经济、习俗、饮食、宗教等不同方面的相同和不同之处。讨论后各组向全班做报告。

…… 一方面……，（另）一方面……

一、教师须知

（一） 语义、功能及注意事项

此句型连接两个并列的短语或分句，用来表示两种情况或事物的两个方面同时存在，或者用来从两个角度阐述前面的话题。两个分句的主语或主题可以相同，也可以不同。后一个“一方面”前可加“另”，后面常有副词“又”、“也”、“还”、“却”与之搭配。

（二） 常见形式

例句 \ 形式	上文	一方面……	（另）一方面……
1	我大学毕业以后打算去中国	一方面可以继续学中文	一方面还可以多了解一些中国文化
2	我喜欢住在学校的宿舍	一方面，我不必每天开车	另一方面，房租也比较便宜
3	我	一方面我觉得偷东西的人很可恨	另一方面又觉得他们很可怜
4	一次性产品	一方面给人们的生活带来了许多便利	另一方面却造成了严重的污染问题

二、 课堂操作程序

（一）语言点导入：问答式导入

（板书“…… 一方面……，（另）一方面……”）

老师：学生在学校都要做什么？

学生：上课、做功课，……

老师：你们只学习吗？你们还常常做什么别的事？

学生：我们也跟朋友玩儿、去运动、看电影……

老师：（指着语言点带学生一起说）学生在学校一方面要上课、做功课，另一方面也常常跟朋友玩儿、去运动、看电影。

（二）操练一：句子转换

1. 我妈妈很忙，得工作，同时也得照顾我们。
2. 学习语言有很多好处，可以了解很多不同的文化，也比较容易找到工作。
3. 改革开放后，中国经济发展了，但是社会上产生了很多问题。

（三）操练二：回答问题

1. 你为什么不去/要去中国学中文?
2. 为什么学生总是很忙?
3. 你觉得当老师好不好？为什么?
4. 你觉得骑自行车上班好不好？为什么?
5. 为什么很多人喜欢吃快餐?
6. 住在大城市有什么好的地方，有什么不好的地方?
7. 在餐厅吃饭有什么好的地方，有什么不好的地方?
8. 开车有什么好处，有什么坏处?

（四）开放式活动：讨论

1. 学生分成小组，评选出学校的最佳宿舍和最差宿舍，并说明原因。
2. 学生分成小组，讨论如何才能成为一个受欢迎的人。

非得……不可/不行；非得……才……

一、教师须知

（一）语义、功能及注意事项

"非得" 作情态动词，通常在口语中使用，表示迫于客观需要，不得不采取某种行动或必须具备某种条件或品质。"非得"可以与"不可"或"不行"连用，也可与"才"、"否则"、"要不然"等搭配使用。

（二）常见形式

a)

形式 例句	主题	非得	动词/句子	不可/不行	（其他成分）
1	这个问题	非得	解决	不可	（否则会很麻烦）
2	那件事	非得	他出面	不可	（否则没法解决）
3	做这种工作	非得	细心	不行	（要不然做不好）

b)

形式 例句	主题	非得	动词/句子	才	其他成分
1	这个问题	非得	解决	才	能进行下面的工作
2	那件事	非得	他出面	才	能解决
3	做这种工作	非得	细心	才	行

二、课堂操作程序

（一）语言点导入：问答式导入

（板书"非得……不可，（要不然……）"）

老师：考试以前你不复习，能考好吗？

学生：考不好。

老师：（指着板书）因此，我们可以说……

学生：考试以前我们非得复习不可。

老师：如果不复习会怎么样？

学生：如果不复习就不会考好。

老师：可以说……

学生：（老师指着板书带全班齐说）考试以前我们非得复习不可，要不然就考不好。

（板书"非得……才……"）

老师：想学好中文，不常常练习行不行？

学生：不行。

老师：（指着板书）因此我们可以说……

学生：非得常常练习才能学好中文。

（二）操练一：完成句子

1. 电影 7 点钟开始，现在已经 6 点 30 了，我们________________________。
2. __________________________________，我才会跟他结婚。
3. 你的病越来越重，今天________________________________。
4. 这儿没有中餐馆，要吃中国饭______________________________。

（三）操练二：回答问题

1. 早上八点以前开车进华盛顿特区，一定会堵车，可是我 8:30 就得上班，你说我该怎么办？
2. 大家都觉得那套衣服太贵了，可是我的工作需要，你说我该怎么办？
3. 太晚了，又没公车了，你说我该怎么办？
4. 你希望中文说得跟中国人一样好，你应该怎么办？
5. 在你看来，怎样才能做个好学生？

（四）开放式活动：叙述

假设政府要对老城进行改造，而你的工作是城市规划。请你对城市改造的计划提出你的方案。

干脆

一、教师须知

（一）语义、功能及注意事项

“干脆”是副词，表示作出决断，断然采取某种措施或某种极端行为，以求简单、直接或彻底地解决问题。

“干脆”可用于句首，也可用于主语后、动词前。

“干脆”也可作形容词，表示说话办事爽快、直截了当。此义项本条目不做例释。

参考文献：侯学超（1998）；北京大学汉语语言学研究中心现代汉语语料库

（二）常见形式

a)

形式 / 例句	上文	主语	干脆	动词词组
1	你对中国文化这么感兴趣		干脆	去中国吧
2	为了把奶奶照顾好	她	干脆	搬去跟奶奶一起住了
3	这份工作太辛苦了	你	干脆	辞掉吧

b)

形式 / 例句	上文	干脆	主语	动词词组
1	你看你缝得这么难看	干脆	我	给你缝吧
2	你们两个人天天吵架	干脆	你们	离婚吧，各走各的路
3	你儿子这么爱画画儿	干脆	你	叫他去学艺术吧

二、课堂操作程序

（一）语言点导入举例

（板书“干脆”）

老师：我的电脑坏了，修好起码要四百块钱。我应该修还是应该买一台新的？

学生：（老师指着板书领说）您干脆买一台新的吧。

（二）操练一：根据左边表格中的小句，从右边的表格中找出相应的小句，用“干脆”把它们连成长句

例如：一个星期前，我让儿子整理房间，他还没整理，我干脆自己动手了。

(1) 一个星期前，我让儿子整理房间，他还没整理	a. 我先进去看了
(2) 天气太热了，他怎么都睡不着	b. 他不睡了，起来看电视
(3) 我给那个商店打了几次电话，都找不到经理	c. 我到他们那儿去了一趟

(4) 电影已经开始十分钟了，我朋友还没到	d. 我自己动手了

（三）操练二：完成句子

1．去纽约的飞机票非常贵，反正开车去也就是几个小时，我们__________。

2．我问了很多同学，他们都不清楚这次考试的重点是什么，后来我_______。

3. 年终大减价的时候，有的商店打七八折，有的商店打五六折，有的_____。

（四）开放式活动：解决问题

今天大家看起来都不太高兴，原来每个人都有一个难题需要解决。让我们互相帮助，跟不同的同学谈谈你的问题，问问他们有什么建议。当别人跟你讨论他们的问题的时候，请用“干脆”给他/她提一个建议。

1．我和女/男朋友在一起很长时间了，可是我们之间已经没有感觉了，怎么办?

2．我请朋友来吃晚饭，可是来的人太多了，准备的菜不够，怎么办?

3. 我已经上大学三年级了，可是我越来越不喜欢我的专业了，怎么办?

刚(刚)

一、教师须知

（一）语义、 功能及注意事项

“刚”是副词，可以重叠使用，用于动词或少数形容词前作状语，表示某一件事发生在不久前。“刚”用在复句中时，后面常用“就/又”呼应。“刚…… 的时候”不表示“前不久”，而是用来表示“初始”之意。

学生常常混淆“刚”与“刚才”。“刚才”是表示时间的名词，指说话前不久的时间，可放在主语之前，也可放在主谓之间，做时间状语。

参考文献：刘月华等（2005）；吕叔湘（1994）；王还（1999）叶盼云，吴中伟（1999）

（二）常见形式

a)

形式 / 例句	主语	刚(刚)	动词词组/形容词词组
1	我们	刚(刚)	吃完午饭
2	电影	刚(刚)	演完
3	屋里	刚(刚)	暖和起来

b)

形式 / 例句	主语	刚(刚)	动词词组 1	就/又/就又	动词词组 2
1	我	刚(刚)	喝了一点儿酒	就	醉了
2	他	刚(刚)	吃完饭	就又	饿了
3	他	刚(刚)	拿起筷子	又	放下了

二、课堂操作程序

（一）语言点导入：问答式导入

（板书“刚(刚)”）

老师：我是二十年以前开始学中文的。你们呢？

学生：（可能回答）去年/上个学期……

老师：你们可以说……

学生：（老师指着板书带全班齐说）我们刚开始学中文。

（板书“刚(刚)……就/又/就又……”）

老师：今天早上我是八点五十到学校的，九点钟我就来/去上课了。也可以说……

学生：（老师指着板书带全班齐答）今天早上你刚到学校就来/去上课了。

（二）操练一：用“刚(刚)”或者“刚(刚)……就/又……”完成句子

1. A：你学中文学了很久了吧？（指着“刚(刚)”）
   B：不是，________________________________。（我刚开始学中文）
2. A：“刚”这个语言点是我们昨天学的吗？（指着“刚(刚)”）
   B：不是，________________________________。（这个语言点我们刚学）
3. A：昨天的电影怎么样？（指着“刚……就/又……”）
   B：很没意思，____________________________。（电影刚开始，我就走了）
4. A：你昨天是什么时候开始做功课的？（指着“刚(刚)……就/又……”）
   B：________________________________。（刚下课/刚回宿舍/刚吃完饭……）
5. A：你不是一个小时以前才吃的饭吗？怎么又吃起来了？（指着“刚(刚)……就/又……”）
   B：________________________________。（我刚吃完饭又饿了。）

（三）操练二：用“刚(刚)”或“刚才”填空

1. A：__________谁来找我了？
   B：小王。
   A：他在哪儿呢？
   B：他__________走。
2. A：__________你见到你的老师了吗？
   B：没见到。我到他的办公室的时候，他__________走。
3. A：我_______出去跑步了。
   B：你的病_______好，最好不要出去跑步。
4. A：她________唱的歌真好听。
   B：是吗？是我________教给她的。（刚/刚才）
5. A：________我听说你不太舒服，现在好点儿了吗？
   B：我________吃了一点药（刚/刚才），觉得舒服多了。
6. A：你的中文说得真好。
   B：哪里哪里，我________学了三个月，只会说一点儿。

（四）开放式活动：我的新变化

学生分组，谈谈自己最近做了什么事。例如：上个星期，我刚从北京回来。我刚回来就去公司上班了。刚去上班的时候，大家都说我变了，原来是因为我刚剪了头发……

各 V 各的

一、教师须知

（一）语义、功能及注意事项

“各 V 各的”表示“分别做某事或分别具有某种属性”（《应用汉语词典》，415 页）。句中主语都为复数形式，在上下文清楚的情况下，可以省略。

参考文献：《应用汉语词典》（2000）

（二）常见形式

形式 / 例句	其他成分	主语	各 V 各的	宾语
1	下课以后	同学们	各回各的	房间
2	每天晚上	他和他太太	各做各的	饭
3	吃完饭	他们	各付各的	钱
4		这些字典	各有各的	用处

二、课堂操作程序

（一）语言点导入：问答式导入

（板书“各 V 各的”）

老师：你们去饭馆吃饭，是一个人点所有人的菜，还是你点你的菜，他点他的菜？
学生：我点我的菜，他点他的菜。
老师：所以你们可以说……
学生：（老师指着板书带全班齐说）我们各点各的菜。
老师：吃完以后，是一个人付所有人的钱，还是你付你的钱，他付他的钱？
学生：（老师指着板书带全班齐答）我们各付各的钱。

（二）操练一：句子转换

1. 我跟我的同学看完电影以后，我回我的家，他回他的家。→
2. 我爸爸妈妈都去波士顿上班。爸爸开自己的车，妈妈也开自己的车。→
3. 在我家，我有我的房间，我哥哥有他自己的房间。→
4. 大学毕业以后，每个人的计划都不一样。比如说，小王的计划是读研究生院，小张的计划是去法国，小李计划是找工作赚钱。→

（三）操练二：完成对话

1. A: 下课以后，你们都去小王的宿舍吗？
   B: 不是，______________________________。
2. A: 你跟你哥哥用同一个电脑吗？
   B: 不是，______________________________。

3. A: 你和你的同学一起去健身房。你们做同样的运动吗?

B: 不是，______________________________________。

4. A: 你家的衣服都是你一个人洗吗?

B: 不是，______________________________________。

5. A: 美国的共和党跟民主党对移民问题的看法一样吗?

B: 不，______________________________________。

（四）开放式活动：角色扮演

把学生分成几个人一组，其中一人当导游，其他人做游客。大家对共同关心的问题比如吃饭、住房、买门票等一起商量怎么办。

A 跟/和 B 一样/不一样（……）

一、教师须知

（一）语义、功能及注意事项

"A 跟/和 B 一样/不一样（……）" 是表示比较的句式之一，说明 A 跟 B 是否一样或 A 跟 B 在某一方面是否一样。"一样"的后面可以有形容词或状态动词比如"喜欢、爱、愿意、需要"等。B 项中与 A 项重复的部分通常可以省略。"一样"前可加"不、不太、差不多、几乎"等副词。"跟"可以用"和"替换。

参考文献：刘月华等（2001）；吕叔湘（1999）；顾士熙（2002）

（二）常见形式

a)

形式 / 例句	A	跟/和	B	（不/不太/差不多/几乎）	一样
1	你的名字	和	我弟弟的名字		一样
2	这个汉字的部首	跟	那个汉字的	不	一样
3	我的想法	跟	你的	几乎	一样

b)

形式 / 例句	A	跟/和	B	（不/不太/差不多/几乎）	一样	形容词/动词词组
1	上海	跟	北京	不	一样	大
2	我看书看得	跟	她	差不多	一样	快
3	我妹妹	和	我		一样	爱唱歌

二、课堂操作程序

（一）语言点导入: 问答式导入

（板书"A 跟 B 一样/不一样（……）"）

老师：我的学生用的中文书是《中文听说读写》，你们用的是什么?
学生：我们的也是《中文听说读写》。
老师：你们可以说……
学生：（老师指着板书带全班齐说）我们的中文书跟你的一样。

老师：你们的中文书多少钱?
学生：三十块。
老师：我的中文书也是三十块。你们可以说……
学生：（老师指着板书带全班齐说）你的中文书跟我们的一样贵。

（二）操练一： 给情景，说句子

1. 我弟弟的英文名字是 Tony，他的英文名字也是 Tony.
2. 小张 21 岁，小李也 21 岁。
3. 学习外语时，听很重要，说也很重要。
4. 我十分钟看完一课，他也十分钟看完一课，我们都看得很快。
5. 我爸爸很喜欢足球，我也很喜欢足球。

（三）操练二：回答问题

1. 这张桌子高还是那张桌子高？大小呢？长短呢？价钱呢？
2. （找两个差不多一样高的学生）问：小王比小李高得多，是吗？
3. 你上个星期忙吗？这个星期呢？
4. 我非常想去北京旅游，你想去吗？

（四）开放式活动：比较

1. 请学生比较自己与兄弟姐妹的异同。
2. 请学生比较两个宿舍的异同。

根本

一、教师须知

（一）语义、功能及注意事项

“根本”有名词、形容词与副词三种词性，在此只讨论副词用法。“根本”常跟“就”搭配使用，表示“从头到尾；始终”或是“彻底”（吕叔湘 1999，228页）。前者多用于否定句。后者虽然可以用于肯定句，但是所带的动词常常也是具有负面的语义。

参考文献：吕叔湘（1999）

（二）常见句式

a)“从头到尾；始终”

形式 / 例句	主语/话题	根本	（就）	不/没	动宾词组
1	我	根本		没	学过法文
2	小王	根本		不	了解美国文化
3	她	根本	就	不	喜欢你
4	这件事	根本	就	不	该由你负责

b)“彻底”

形式 / 例句	主语/前提	根本	动宾词组/动词词组
1	我	根本	忘了跟他约会的事
2	在一个地方住一段时间，才能	根本	了解当地的文化.
3	你们得	根本	解决你们两人之间的矛盾
4	她	根本	否认我们曾经相识
5	他对你说的话	根本	就是胡扯
6	你送我的那只手表	根本	是个假货

二、课堂操作程序

（一）语言点导入：问答式导入

（板书“根本”）

老师:（给学生讲一件他们不知道的事情,然后问学生）你们知道这件事情吗?

学生：不知道。

老师：不可能，你们一定知道一点儿。

学生：我们一点儿都不知道。

老师：你们也可以说……

学生：（指着板书带全班齐说）我们根本就不知道这件事情。

（二）操练一： 句子转换

1. 有人说今年冬天会很冷，其实一点儿都不冷。→
2. 她花了很多时间解释这个句子，可是我从头到尾都没听懂。→
3. 这个问题一定要完完全全解决，要不然以后会有更大的麻烦。→
4. 有些人完完全全反对在这附近建立超大型购物中心。→
5. 你别追求王小姐了，她已经有要好的男朋友了，你完全是在浪费时间。→

（三）操练二： 完成句子

1. 别再跟他解释了，他________________________。
2. 你怎么说我同意了，我________________________。
3. 我们现在才学了一年中文，是没有办法完全了解中国文化的，听说得在中国住上好几年，才能________________________。
4. 只有建设地铁，才能________________这个城市的交通问题。

（四）操练三： 完成对话

1. A：我跟老王说好了要一起去看电影吗？我等了他一个小时都没看到他。
   B：他最近很忙，我想他__________________________。
2. A：小王，你怎么没有完成这个任务，这不是由你负责的吗？
   B：这个工作跟我一点关系都没有，______________________。
3. A：听说你跟新来的校长是老朋友？
   B：什么？你们听错了吧！_________________________。

（五）开放式活动： 角色扮演

1. 两人一组，扮演一对父子或母女，双方有许多误解，正想尽办法要澄清。
2. 几人一组，扮演政府某部门正在开会讨论某市政建设的缺失，并想办法补救。

……更不用说……了

一、教师须知

（一）语义、功能及注意事项

"更不用说"之前的分句用来指出某种情况，"更不用说"后边引出的部分根据前边所说的情况按常理推断，必然成立。

参考文献：吕叔湘（1994）；杨庆惠，白荃（1996）

（二）常见形式

例句 \ 形式	分句	更不用说	与前一分句中某成分进行对比的成分
1	私立大学他都上得起	更不用说	（上）公立大学了
2	中国农村地区的温饱问题已经基本解决了	更不用说	大中型城市了
3	他家光私人飞机就有三架	更不用说	汽车了
4	这个字（连）老师都不认识	更不用说	我了
5	他连在北京都分不清东西南北	更不用说	在天津了，因为天津的街道几乎没有直的

二、课堂操作程序

（一）语言导入举例：问答式导入

（板书"……,更不用说……了"）

老师：（在黑板上写一个学生不认识的汉字）我不认识这个字。你们认识吗?

学生：不认识。

老师：（指着板书）所以大家可以说，"这个字连老师都……"

学生：这个字连老师都不认识，更不用说我们了。

（二）操练一：根据情景回答问题

1.（情景：你的同屋早上 11 点的课常常迟到）9 点的课你的同屋迟到吗?
2.（情景：你从来不整理自己的床）你弟弟的屋子你整理吗?
3.（情景：爸爸会开飞机,也会开汽车）你爸爸会开汽车吗?
4.（情景：周末都学习）你周一到周五学习吗?
5.（情景：去不起纽约）明年你要去中国旅行吗?

（三）操练二：完成句子

1. 那儿太远了，现在坐飞机去都来不及，________________。
2. 他没上过学，连自己的名字都不会写，________________。
3. 我们学校的条件不好，宿舍里没有电话，______________。

4. 他很穷，连吃饭的钱都没有，______________________。

（四）开放式活动：讨论旅行计划

两人一组，讨论一起去旅行。A 的经济条件不错，B 的不好。A 提出自己的计划，如去哪儿，用什么交通工具，住什么旅馆等，B 说明为什么不能按照 A 的计划进行。以美国学生为例：

A: 我们应该坐飞机去日本旅行。

B: 我连纽约都去不起，更不用说日本了；而且我连汽车都坐不起，更不用说坐飞机了。

固然……/但是/可是/然而……

一、教师须知：

（一）语义、功能及注意事项

"固然"是连词。说话者用"固然"表示承认一个事实，然后再转入下文，下文是对上文的修正或补充。"固然"与"虽然"意思相近，但"固然"侧重于承认一个事实，"虽然"则侧重于让步。

参考文献：李晓琪（2005）；吕叔湘（1994）

（二）常见形式

a)

形式 / 例句	分句 1			分句 2	
	话题	固然	评论	可是/但是/然而	修正或补充说明
1	努力学习	固然	很重要	但是	只学习不休息就不好了
2	药	固然	可以治病	然而	吃多了对身体也没有好处
3	上大学成才的机会	固然	很大	（然而）	自学也能成才
4	知识	固然	可以从书本里学到	（可是）	在社会上同样也能学到

b)

形式 / 例句	话题（/主语）	形容词/状态动词 +固然 +形容词/状态动词	可是/但是 /然而	修正或补充说明
1	这样做	好固然好	可是	太浪费时间了
2	这种学习方法	慢固然慢	但是	很有效
3	这个房子，我	喜欢固然喜欢	可是	钱不够，买不起

二、课堂操作程序：

（一）语言点导入：问答式导入

（板书"固然……，但是/可是/然而……"）

老师：你们觉得考试成绩重要还是身体重要？

学生：……重要。

老师：但是我觉得……比……更重要（指着板书让学生反驳）。

学生：……固然重要，但是……

（二）操练一：完成句子

1. 能考上大学固然很好，考不上________________________________。
2. 学习固然很重要，____。
3. 大量背生词，辛苦固然辛苦，但是____________________________。
4. 运动__________________________，但是运动过量对身体并没有好处。
5. 工作__________________________，然而休闲也是生活中必不可少的。

（三）操练二：反驳式对话

1. A：我认为努力学习最重要。
   B：____
2. A：依我看，吃素对身体最好。
   B：____
3. A：上网买东西常常可以买到比店里便宜的东西。
   B：____
4. A：看电视可以学习到很多知识。
   B：____

（四）开放式活动：角色扮演

A 是孩子，一心想要出国留学，B 是父亲或母亲，舍不得孩子离家太远。请双方尽量说明自己的意见，并提出不同的看法来反驳对方。

在……（的）过程中……

一、教师须知

（一）语义、功能及注意事项

"在……（的）过程中…… "是介词短语用作时间状语 "表示事物进行或发展所经过的程序"（李忆民 1995, 457 页），可位于主语之前或主语之后。

参考文献：白建华等（ 2003）；李忆民（1995）；吕叔湘（2003）；北京大学汉语语言学研究中心现代汉语语料库

（二）常见形式

a)

形式 / 例句	在	动词/动词词组 1	(的)过程中	主语	动词词组 2
1	在	实习	过程中	我	学到了很多东西
2	在	调查案件	过程中	他们	产生了爱情
3	在	经济改革	的过程中	人们的消费观念	发生了很大的变化

b)

形式 / 例句	主语	在	动词/动词词组 1	(的)过程中	动词词组 2
1	我	在	实习	过程中	学到了很多东西
2	他们	在	调查案件	过程中	产生了爱情
3	人们的消费观念	在	改革市场经济	的过程中	发生了很大的变化

c)

形式 / 例句	在	主语 1	动词短语 1	(的)过程中	主语 2	动词词组 2
1	在	她	攻读学位	的过程中	父母	给了她很大的帮助
2	在		勤工俭学	的过程中	他	认识了王先生
3	在	院长	实行新政策	的过程中	师生	提出了很多宝贵建议

二、课堂操作程序

（一）语言点导入：问答式导入

（板书"在……（的）过程中……"）

老师：学中文很难，你们遇到过困难没有?

学生：我们遇到过很多困难。

老师：你们可以说……

学生：（老师指着板书带全班齐说）在学习中文的过程中，我们遇到过很多困难。

老师：你们学习中文，同时也能了解中国文化吗？

学生：（老师指着板书带全班齐说）在学习中文的过程中，我们也能了解中国文化。

（二）操练一：句子转换

1. 我学习法律学习了很长时间，在这中间，我吃了不少苦。→
2. 毕业后我找了一段时间的工作，在那时候，我每天早起晚睡，准备申请材料。→
3. 顾客和老板谈生意，在达成结果前，常常需要不断地讨价还价。→
4. 发展经济，一定会出现一些问题。→
5. 研发那个新产品，他们反复试验，失败了很多次才成功。→

（三）操练二：完成句子

1. ______________________，克服了很多困难。
2. __________________________，老师给了我很多建议。
3. ______________________，我发现了很多文化方面的差异。
4. 在国外求学的过程中，_______________________________。
5. 在我成长的过程中，_________________________________。
6. 在中国改革开放的过程中，___________________________。

（四）操练三：回答问题

1. 在解决重大难题的过程中，你常常向谁请教？
2. 在谈恋爱的过程中，我们怎样才能真正地了解一个人？
3. 在恢复健康的过程中，病人得注意些什么？（营养/休息/锻炼/情绪）
4. 在传授知识过程中，你认为老师应该怎样做？
   （教学进度、难度/教学方法/学生积极性、兴趣/活动安排）
5. 在经济发展的过程中，哪些方面也会发生变化？
   （消费文化/婚姻观念/思想意识）

（五）开放式活动：竞选市长辩论

例如：

A：在提高市民生活水平和生活质量过程中，我既要______，又要_____；在降低犯罪率，提高就业率过程中，我不但要_____，而且还要_____。

B：你的想法和做法既不实用又不实际！在_____过程中，我要_____。

果然

一、教师须知

（一）语义、功能及注意事项

“果然”是副词，“表示事实与所说或所料相符”（吕叔湘 1996, 213 页），可用于两个小句之间，或者第二个小句的谓语之前。

参考文献：吕叔湘（1996）

（二）常见形式

例句＼形式	小句 1	小句 2
1	他说他一定会参加今天的晚会	他果然来了
2	我猜小王下午会去运动中心	我们果然在那儿看到他了
3	昨天天气预报说今天会下雨	果然今天下雨了
4	行家预测这款新车一定会大受欢迎	果然销路很好

二、课堂操作程序

（一）语言点导入：问答式导入

（板书“果然”）

老师：天气预报说今天会下雨/不会下雨（老师视情况而定）。今天下雨了吗?

学生：下了/没下。

老师：（指着板书）我们可以说……

学生：天气预报说今天会下雨/不会下雨，今天果然下雨了/没下雨。

（二）操练一：完成句子

1. 他病得很重，大家都认为他可能不能来上课了，他____________________。
2. 他跟女朋友的关系很好，我想他们一定会结婚，今年他们______________。
3. 为了发展经济，中国政府 1978 年开始实行改革开放政策，现在，_______。

（三）操练二：回答问题

1. 学中文以前，你听说中文发音/语法/汉字怎么样？他们说得对不对?
2. 上大学以前，你希望你的学校怎么样？上了大学以后你觉得跟你想的一样吗?
3. （问去过某地的学生）去某地以前，你对那个地方有什么看法？去了以后呢?

（四）开放式活动：你的判断力如何？

学生两人一组，就下列几方面互相做出判断：老家/兴趣/爱好/专业/工作……确定是否正确后，向全班汇报。例如：我猜他的老家在美国南部，他的老家果然在美国南部。

还是……（吧）

一、 教师须知

（一）语义、功能及注意事项

“还是”是副词，“表示经过比较、考虑，有所选择，用‘还是’引出所选择的一项”（吕叔湘 1999，255 页）。有时“还是”所带的小句后面也可以加上“吧”，表示一种建议。

参考文献：吕叔湘（1999）

（二） 常见形式

a)

形式 / 例句	前提	主语	还是	（主语+）谓语	(吧)
1	天气预报说明天会刮大风下大雨	我们	还是	留在家里	吧
2	坐公共汽车去太慢		还是	开车去	吧
3	这个工作别人都做不好		还是	你做比较好	

b)

形式 / 例句	主语/话题	还是	（主语+）谓语	说明
1		还是	你行	我们都跑不了那么远
2	你	还是	别提要出国的事	否则妈妈会生气的
3	放假的时候	还是	回家比较好	一个人留在学校太无聊了

二、课堂操作程序

（一）语言点导入：问答式导入

（板书“还是……（吧）”）

老师：如果你的电脑速度太慢了，你会怎么办?

学生：我会买个新电脑（用同学的/……）。

老师：可是新电脑太贵（同学不借给你/……）。

学生：我可以买便宜一点儿的（跟父母借钱买/……）。

老师：便宜的容易坏（父母现在没有钱/……），我看你用学校的电脑比较好。

学生：好吧。

老师：（指着板书）你可以说，我……

学生：我还是用学校的电脑吧!

（二）操练一：完成句子

1. 这件衣服很好看，我很想买，但是我已经花了不少钱了，而且我的衣服也够多了，我________________________。
2. 除了你以外，我们这个周末都要准备考试，都不能去，所以小张的生日晚会，________________________。
3. 你________________________，炸鸡太油了，对身体不好。
4. 我们________________________吧，明天大家都忙。

（三）操练二：回答问题

1. 小张现在的工作，薪水很低，老板也不好，可是工作地点离家近，上班的时间也合适，你觉得他应该把工作辞掉吗?
2. 我很想多运动，对身体好，但是去健身房太贵了，在路边跑步又太无聊，而打球呢，还得约人，我应该怎么办（或应该做什么运动比较好）？
3. 每天搭公车太麻烦，我想买一辆车，但是我的钱又不够买辆新车，怎么办?
4. 这个周末有晚会，我很想参加，多认识些朋友，可是下个星期要交的作业不少，你说我该怎么办?

（四）操练三：角色扮演

学生两人一组，扮演未婚夫妻，商量购买布置新家所需要的用品。

何必……（呢）？

一、教师须知

（一）语义、功能及注意事项

"何必"是副词，"用反问语气表示不必"（吕叔湘 2003，263 页），语气欠委婉。在上下文中，主语通常很清楚，故省略。

参考文献：刘月华等（2002）；黄伯荣，廖序东（1991）；吕叔湘（1999）；张卫国（1992）

（二）常见形式

形式 / 例句	原因	何必	动词词组	（呢）
1	感冒又不是什么大病	何必	叫救护车	呢
2	这书图书馆就可以借到	何必	去买	呢
3	我只不过晚了 5 分钟	(你)何必	生气	呢

二、课堂操作程序

（一）语言点导入：问答式导入

（板书"何必"）

老师：宿舍楼离教室很近，你朋友想开车去上课。你认为没有必要，你会怎么说?

学生：（老师指着板书带全班齐说）教室这么近，何必开车去上课呢?

（二）操练一：句子转换

1. 我已经给他们发了电子邮件了，不需要再打电话了。→
2. 我可以借给你这本书，你不必买。→
3. 有话好好说，不要生气。→

（三）操练二：完成句子

1. ______________________，何必再买一辆自行车呢?
2. ______________________，何必伤心呢?
3. 坐公共汽车这么方便，______________________?
4. 都是老朋友了，______________________?
5. 电脑我自己就会修，______________________?

（四）操练三：根据情景，用"何必……呢？"回答问题

1. [情景：在学校商店门口]

   A: 我们去哪儿买苹果？开车去超市吧！

   B:（认为在学校商店买就可以）______________________?

2．[情景：美国这所学校的汉语老师非常好，汉语课也有非常有意思的，可是 A 想跟 B 一块儿去中国学习汉语]

A: 我们去中国学习汉语，怎么样?

B:（劝 A 不必去中国那么远的地方学汉语）______________?

3．[情景：某公司要求应聘者把的简历用电子邮件寄给他们，可 A 要亲自送去]

A: 我想亲自把我的简历送到他们公司去。

B:（认为没有必要）__________________________________?

（五）开放式活动：角色扮演

学生两人一组，互相批评对方的做法（比如学习或进修计划，追求对象，购物等），并给对方建议。

何以

一、教师须知

（一）语义、功能及注意事项

“何以”为书面语，意为“用什么”或“为什么”。“何以”在句中一般用于主语或话题之后，谓语之前。若谓语中心词是形容词，前面则需用“如此、这么”等来修饰。例如：这个小山村的旅游事业何以如此兴旺？

（二）常见形式

a)

例句＼形式	话题	主语	何以	动词词组
1	发生了如此严重的问题	市政府	何以	向市民交代
2	不功成名就	我	何以	面对家乡父老
3	这里闯红灯的现象		何以	屡禁不止
4		亚洲四小龙	何以	能在数年之内就取得如此巨大的经济成就

b)

例句＼形式	主语	何以	如此/这么	形容词词组
1	那个地区的环境污染	何以	如此	严重
2	短短两年之内，这里的变化	何以	如此	巨大
3	这家小餐馆的生意	何以	这么	红火
4	这所大学的学习风气	何以	这么	浓厚

二、课堂操作程序

（一）语言点导入：问答式导入

（板书：“何以”）

老师：美国总统里根、克林顿、小布什等都连任两届总统。如果你想知道他们能够连任的原因，该如何询问？（指着“何以”）

学生：里根、克林顿、小布什何以能连任？

老师：中国改革开放以后变化很大。如果你想知道中国为什么会有这么大的变化，你该如何询问？（指着“何以如此”）

学生：改革开放以后，中国的变化何以如此巨大？

（二）操练一：句子转换

1. 微软公司为什么拥有如此巨大的国际市场？→
2. 人们都说你与此案有关，你怎么能澄清？→

3. 那家公司为什么能在短短几年之内发展如此迅速？→
4. 为什么贫困地区的人才往往难以留住？→
5. 小小的一张光盘怎么能储存这么多的信息？→

（三） 操练二：根据答案提出问题

1. A：______________________________？（中国政府何以制定了计划生育政策）
   B：因为人口太多，所以中国政府制定了计划生育政策。
2. A：________________________？（各大航空公司何以规定禁止携带液体物品）
   B：因为各大航空公司都要防范恐怖分子袭击。
3. A：__________________________？（北京何以制定了新的汽车尾气排放标准）
   B：因为奥运会 2008 年将在北京召开，为了改善环境，北京制定了新的汽车尾气排放标准。

（四）操练三：完成句子

1. 纽约交通相当混乱，多少年来，一直无法解决。我不明白____________？（何以如此难以解决）
2. 人们都希望世界和平，可中东战争_________________？（何以连年不断）
3. 他原本是一个乖孩子，现在___________________？（何以变成了问题儿童）
4. 产品销路很好，可公司却连年亏损，对此你________________？（何以解释）
5. 这里以前山青水秀，现在却臭气熏天。这里的环境污染______________？（何以变得如此严重）

（五）开放式活动：角色扮演

把学生分成几人一组，其中一人扮演州政府发言人，其他人扮演新闻记者。发言人在新闻发布会上发布在该州大河上游修建大坝的消息并回答记者提问。

会

一、教师须知

（一）语义、功能及注意事项

本条目只就“会”作为能愿动词来进行讨论。

1. 表示知道怎样做，不用学习和操练，天生就会。例如：
   鸭子会游泳。
   猴子会爬树。
2. 经过学习和操练以后，具备某种能力做某事。例如：
   我会说中文。
   我会开汽车。
3. “善于做某事。前面常加‘很、真、最’等”（吕叔湘 1999，278 页）。例如：
   他很会做中国饭。
   他最会说笑话。
4. “有可能。通常表示将来的可能性”（278 页）。例如：
   他明天会来。
   晚上不会下雨。
5. 表示意料不到的可能性，常常跟“没想到、竟然”一起用。例如：
   他对人一向温和客气，没想到会张口骂人。
   这件小事竟然会引起这么多人的注意。

比较“能”和“会”：

1. 初次学会某种动作或技术，可以用“能”也可以用“会”，但以用“会”为常。恢复某种能力，只能用“能”，不能用“会”（415 页）。例如：
   我以前不会说中文，现在会（能）说了。
   我的感冒好了，能（*会）唱歌了。
2. 表示具备某种能力，可以用“能”也可以用“会”；表示达到某种效率，只能用“能”，不能用“会”（415 页）。例如：
   他会（或“能”）骑自行车，每小时能（*会）骑三十公里。

参考文献：刘月华等（2004）；吕叔湘（1999）

（二）常见形式

例句 \ 形式	（主题+）主语	状语	会	谓语
1	小孩子	生下来就	会	吃奶
3	我妹妹		会	说四种语言
4	这个情况，我		会	不告诉你吗
5	他		会	来参加小张的生日晚会
6	小张	很	会	唱歌

7	这么大的事，他	竟然	会	不知道

二、课堂操作程序

（一）语言点导入：问答式导入

（板书“会”）

老师：（指着某位学生）你游泳吗?

学生：我游泳（或“我不游泳”）。

老师：为什么？你学过游泳吗？（或“你没学过游泳吗？”）

学生：学过。（或“没学过。”）

老师：（指着板书）我们可以说他……

学生：他学过游泳，所以他会游泳。（或“他没学过游泳，所以他不会游泳。”）

（二）操练一：完成句子

1. 我学了三年中文，我会____________。（提示：写中文信/跟中国人聊天……）
2. 小张很聪明，很会________________。（提示：说话/考试/学习/交朋友）
3. ______________________（提示：我是你的好朋友/我爱你），不会不帮你。
4. ____________（提示：你请了他了/他明天有空），他会来参加你的生日会。
5. 他的身体那么好，没想到会____。

（三）操练二：回答问题

1. 你会打什么球?
2. 我（老师说自己）很会唱歌，你们呢?
3. 如果周末你有空的话，你会做什么?
4. 如果你最好的朋友打了你，你会怎么说?

（四）操练三：用“能”、“会”填空

1. 乒乓球，我______打，可是我现在不______打，因为我没有时间。
2. 听说你很______打麻将，我也想学。你什么时候______教教我?
3. 学了一个星期后，他______游泳了，但是只_______游二三十米。
4. 这种东西______吃吗？吃了肚子______不______不舒服啊?
5. 我累了，______在这儿休息一会儿吗？我等一下就______走。
6. 雪下得这么大，小王______来吗?
7. 学校发生这么大的事情，一定有人告诉他了，所以他不______不知道。而且他是老师，他也不______不知道。

（五）开放式活动：角色扮演

学生两人一组，A 要找一位助手，帮着照顾家中的老人，请向应征者提出各种问题，看他/她是否合格。B 来应征，需要时请用“能、会”问答问题。

或者

一、教师须知

（一）语义、功能及注意事项

“或者”是连词，用于陈述句中，表示选择关系，置于两个选项之间。如果有三个以上的选项，在一般情况下，可在每一个选项前都加上 “或者”，或只在最后两个选项之间加上“或者”。

注意：“或者”与“还是”虽然都表示选择，但“或者”用于陈述句中，而“还是”则用于疑问句中。例如：

1. 你想去打球还是去游泳?
2. 这个周末我或者去打球或者去游泳。

“或者”也可用于带“吗”的疑问句中，但 “或者”只用来连接选项，不表疑问。表疑问的只是疑问词“吗”。例如：

1. 你去过北京或者上海吗?
2. 你问王老师或者李老师了吗?

“连接两个单音节宾语时，必须重复动词，才能用‘或者’”（吕叔湘 1999, 284 页）。

1. 你问我或者问他都行。
2. *你问我或者他都行。

参考文献：戴雪梅，张若莹（1999）；卢福波（1996）；吕淑湘（1999）；邵敬敏（2000）；叶盼云，吴中伟（1999）

（二） 常见形式

形式 例句		(或者)	选项一	或者	选项二	
1			老师	或者	同学	都可以参加这次活动
2	我		在家	或者	在学校	都能上网
3	他想去中国	或者	教英文	或者	学中文	
4			升学	或者	工作	你选一样吧
5	他	或者	今天	或者	明天	会来找你

二、课堂操作程序

（一）语言点导入：问答式导入

（板书“或者”）

老师：（问一名学生）今天晚上你大概会做什么？（运动/学习/看电影……）
学生：去运动。
老师：你还打算做什么？
学生：去看电影。
老师：他今天晚上要做什么？
学生：（指着板书带全班齐答）他今天晚上或者去运动或者去看电影。

（二）操练一：句子转换

1. 我可能去中国大陆学中文，也可能去台湾学中文。→
2. 他可能今年冬天毕业，也可能明年夏天毕业。→
3. 我们还没有决定开车去纽约还是坐飞机去纽约。→

（三）操练二：回答问题

1. 毕业以后你有什么计划？
2. 以后你想找一个什么样的工作？
3. 如果你有很多钱，你想去哪儿旅行？

（四）操练三：情景问答

1. 你的朋友想买一台电脑，可是他不知道应该去哪儿买，请你给他一些建议。
2. 你的同学在中国碰到了生活方面的困难，不知道该怎么办，你会给她什么样的建议？
3. 你的朋友明天有个工作面试，她不知道穿什么比较好，你可以给她一些建议。

（五）操练四：角色扮演

题目：如何提高我的中文水平？

角色A：你在中国的一个留学项目工作。你的责任是向学生提出建议，使他们能尽量利用当地的资源，提高自己的中文水平。

角色B：你在中国的一个留学项目学习中文。你很想尽快提高自己的中文水平，所以你去找这个留学项目的工作人员，寻求建议。

既……又……

一、教师须知

（一）语义、功能及注意事项

“既……又……”是关联副词，连接形容词或动词，“表示同时具有两个方面的性质或情况”（吕叔湘 1999，292 页）。连接形容词时，情况比较简单，形容词前后无需加任何附加成分；而连接动词时，情况则比较复杂，一种是动词后有时需要加上“了”或“过”（见常见形式 a 的例 2，3），另一种是动词前有时要加上“会、要、能、愿意、可以”等能愿动词（见常见形式 b）。还可能什么都不加（见常见形式 a 的例 4）。

“既……又……”连接的两个形容词或动词在语义和语法结构上应属同类，而且音节长短也常相同，例如, 可以说“既舒服又方便”，“既要肯定成绩，又要指出缺点”，但不可以说“既舒服又不方便”。“既……又……”连接的两个形容词前一般不用程度副词，例如，不可以说“既很舒服又很方便”。

初学者易犯的错误是用“既……又……”连接两个主语，或在“既”与“又”的前后各用一个主语。例如:

1. * 既小李又他的女朋友都来了。
2. * 小李既来了，他的女朋友又来了。

参考文献：李忆民（1995）；吕淑湘（1999）；北京大学汉语语言学研究中心现代汉语语料库

（二）常见形式

a)

形式 / 例句	主语/话题	既	形容词/动词词组	又	形容词/动词词组
1	小高	既	聪明	又	用功
2	他	既	去过中国	又	去过日本
3	我们每天上课	既	学习生词	又	练习语法
4	这个家伙	既	有钱	又	有势
5	她	既	不是我的老师	又	不是我的朋友
6	他说的法文	既	不流利		不准确
7	这个周末，他	既	没做功课	又	没出去玩
8	她从早忙到晚	既	没有时间做饭	又	没有时间休息

b)

形式 / 例句	主语/话题	既/既不/既没(有)	能愿动词	形容词/动词词组	又/又不/又没(有)	能愿动词	形容词/动词词组
1	从这儿去纽约	既	可以	坐火车	又	可以	坐飞机

2	穿上这件衣服	既	能	表现出个性	又	能	让大家接受
3	上次舞会，他	既		没出钱	又		没出力
4	他很累	既	不想	做饭	又	想	不出去吃

二、课堂操作程序

（一）语言点导入：问答式导入

（板书“既……又……”）

老师：今天的天气怎么样，刮风吗？下雨吗？

学生：（老师指着板书带全班齐说）今天的天气很不错，既不刮风又不下雨。

（二）操练一：看图说话（老师课前准备好图片和词卡）

1. 这个男/女同学怎么样？　（聪明，用功，可爱，漂亮）
2. 你觉得这辆汽车怎么样？　（安全，省油，便宜，好看）
3. 你为什么要把这块地毯扔掉？（不实用，不美观）

（三）操练二：完成句子

1. 餐厅里有各种各样的饭，__________。（美国饭/中国饭/法国饭/日本饭）
2. 学生们下周末都会很忙，__________。（洗衣/做饭/做功课/打扫房间）
3. 职业妇女特别辛苦，______________。　（工作/做家务/照顾孩子）
4. 他做过不少工作，________________。（医生/老师/工人）

（四）操练三：回答问题

1. 上课的时候我们常常做什么？（学生词/练语法/读课文/做听写）
2. 去年寒假/暑假你做什么了，今年寒假/暑假呢？（打工/学习/工作/旅游）
3. 去纽约我可以怎么去？　（汽车/出租车/轮船/地铁/火车/飞机）
4. 去中国对你有什么好处？　（旅游观光/了解中国文化）

（五）操练四：招聘面试

你有一个很重要的招聘面试。请从大学时选的课，你的工作经验，你的个性，你的爱好等方面谈谈你为什么能胜任这份工作。

参考答案：

我很好学，在大学期间我既学了企业管理又学了欧洲文学。对工作，我既认真又负责；对朋友/同事，我既热情又友好。我的兴趣也很广泛，我既喜欢运动又喜欢画画，而且没有不良嗜好，我既不吸烟，又不喝酒。为了不断提高业务水平，我既要学习电脑知识，又要学习企业管理。我相信，如果聘用我，你既不会失望，又不用担心，我一定能把工作做好。

（六）开放式活动：讨论

1.你希望你的男/女朋友是什么样的人?

2. 我们可以用电脑做什么?

3. 你觉得最理想的工作是什么？（有意思/有挑战性/薪水高/待遇好）

既然……就……

一、教师须知

（一）语义、功能及注意事项

“既然”是连词，引出第一分句，重述上文中出现的前提，后一分句有“就、也、还、还是”等与之呼应，提出建议。例如：

A: 寒假我们去纽约玩儿吧。

B: 我不喜欢冬天去纽约，那儿太冷了。

A: 既然你觉得纽约太冷了，那我们就去南方吧。

“既然”与“因为”不同。“既然”多用于对话，引出的分句表示的是说话人和听话人都知道的前提，全句的重点在后一分句所作的推断与建议，含有主观性。“因为”则只提出原因，不含主观性”（吕叔湘 1999，293 页）。

1. 既然你不喜欢这套公寓（说话人、听话人都已知道的事实），那我们就去找别的地方吧。
2. 因为我不喜欢这套公寓（“我”知道的事实，听话人本来不一定知道），所以我们搬到了别的地方。

参考文献：卢福波（1996）；吕叔湘（1999）；邵敬敏（2000）；叶盼云，吴中伟（1999）

（二）常见形式

形式 / 例句	（主语 1）+既然	前提	（主语 2）	就	建议
1	既然	时间不够了	咱们	就	坐出租车去吧
2	既然	你不愿意		就	算了吧
3	你既然	没有时间	我	就	改天再来找你吧

二、课堂操作程序

（一）语言点导入：问答式导入

（板书“既然……就……”）

老师：今天你累不累？

学生一：很累。

老师: 你呢?

学生二：也很累。

老师：我也很累，那我们要不要早点儿下课?

学生：（老师指着板书带全班齐说）既然大家都很累，我们就早点儿下课吧。

（二）操练一：回答问题

1. 他有点儿不舒服，能早点儿回家吗?
2. 今天会下雨，我们还去公园吗?
3. 大家都喜欢吃日本饭，我们去吃日本饭，好吗?
4. 你没去过北京，去北京玩玩儿，好不好?
5. 她不喜欢花，我们送她什么呢?
6. 这个周末大家都有空，而且天气这么好，你们想做什么?
7. 他不想吃美国饭，那我们去吃什么饭呀?
8. 机票很便宜，你们愿意去哪儿?
9. 我们的钱不够多，租一个什么样的房子呢?
10. 明天有考试，可我还没有开始准备，怎么办?
11. 我不想念研究所，可又找不到工作，我应该怎么办?

（三）开放式活动：角色扮演 1

题目：老师，我该怎么办?

角色 A：你是一所寄宿学校的辅导员。你的工作是给学生生活、学习方面的建议，帮助他们解决问题，减少他们的压力。

角色 B：你是一所寄宿学校的学生。最近，你有一些问题。好在你可以向学校的辅导员倾诉，他/她也可以给你提出建议。好好动动脑筋，想出一些有意思的问题！例如：

我快要考 SAT 了，可我还没准备好，我该怎么办?
我想上加州大学，可是我父母想我上哈佛大学，我该怎么办?
我暑假想跟朋友去中国玩，可是我爸说我得上暑期学校，我该怎么办?

（四）开放式活动：角色扮演 2

题目：老师，我该怎么办?

角色 A：你是一个海外学习班的生活顾问。你的工作是帮助留学生的外国学生解决他们生活上和学习上的问题。

角色 B：你是一位在北京留学的外国学生。第一次住在国外让你很紧张。好在学校有老师帮你！告诉老师你的问题，老师会帮你解决！好好动动脑筋，想出一些有意思的问题！例如：

我上四年级的课的时候，什么都听不懂！我该怎么办?
走路到学校太远，北京的地铁又太挤，我该怎么办?
我妈妈要来看我，可是到来北京的飞机票很贵，我该怎么办?

即使/哪怕……也……

一、教师须知

（一）语义、功能及注意事项

"即使"是表示让步的连词，常跟副词"也"、"还"等连用，基本意思是：用"即使"引出的让步条件成立时，后边分句所表示的内容依然成立（刘月华等2001, 343页）。

本句型也可以用于一个单句当中，表示在一种非常特殊的情况下，结果仍然不发生变化。例如：即使/哪怕（是）跟最好的朋友，我也不说这件事。

参考文献：李德津、程美珍（1988）；刘月华等（2001）；吕叔湘（2001）

（二）常见形式

a)

形式 / 例句	即使/哪怕	分句1	分句2的主语	也	分句2的谓语
1	即使	明天下大雨	比赛	也	要照常进行
2	即使/哪怕	情况再糟糕	我们	也	不能放弃

b)

形式 / 例句	即使/哪怕（是）	名词/介词短语	（主语）	也	谓语
1	即使/哪怕（是）	最好的大夫		也	救不了他
2	即使/哪怕（是）	很简单的句子	他	也	说不出来

二、课堂操作程序

（一）语言点导入：问答式导入

（板书"即使/哪怕……也……"）

老师：感恩节的时候，美国人通常会做什么?

学生：（可能回答）回家和家人团聚。

老师：假如家人住得非常非常远，是不是就不回家了？

学生：不会。

老师：也可以说……

学生：（老师指着板书带全班齐说）即使住得很远，人们也要回家和家人团聚。

（二）操练一：完成句子

1. 她很爱她的男朋友，即使父母不同意，____________________________。（提示：他们也要结婚。）
2. 一般来说，橄榄球比赛不会因为天气不好而改时间，所以，即使明天下大雪，

__________________________________。（提示：比赛也会照常进行。）

3. 这家公司上下班的时间规定得很严格，即使工作很早就做完了，员工也__________________________________。（提示：不能提前下班。）
4. 我非常不喜欢做这件事，即使你给我五百万，____________________。（提示：我也不会做。）
5. 这幅画是我爷爷给我画的，即使________________________________，我也不会卖。（提示：你给我一千万。）

（三）操练二：句子转换

1. 我的老师是个工作狂。别人放假休息的时候他也工作。→
2. 老钱是个爱管闲事的人，事情跟他没有关系，他也喜欢管。→
3. 我朋友每天都洗冷水澡，在寒冷的冬天也是如此。→
4. 加州的天气很温和，冬天也不用穿很厚的衣服。→

（四）开放式活动：角色扮演

角色A：你是B的好朋友，不想让B出国留学。多想些理由劝B，比如说，学费太贵、办签证太麻烦、父母不会同意、在国外生活会不习惯等。

角色B：你是一个很固执的人，非要出国留学不可。你的好朋友A会劝你不要去，可是你觉得即使困难再多也要出国留学。

（五）开放式活动：二人一组编故事

用五到十分钟的时间分小组写一段话，描写“一个用功的同学”。然后给全班念编好的小作文，看看哪个“同学”最用功。例如，某某同学非常用功，即使是周末他也在图书馆学习……　即使在上厕所的时候，……也要看书；即使在开车的时候，……也要听课文……即使在酒吧，他也忘不了……。

假如……就……

一、教师须知

（一）语义、功能及注意事项

“假如”是连词，表示假设，用法与“如果/要是”相同，可与“的话”连用；后一句常有“那么、就、便、则”与之相呼应。

“假如”用于前一小句，后一小句推断出结论，提出要求或问题，也可以对假设本身作出评价。例如：

1. 假如没有他的帮助，我早就破产了。（结论）
2. 假如你去北京，请你把这个礼物带给我弟弟。（要求）
3. 假如你不答应，那我能找谁呢？（问题）
4. 假如再不听话，你就是个不懂事的孩子了。（评价）

参考文献：李晓琪（2005）；吕叔湘（1999）；北京大学汉语语言学研究中心现代汉语语料库

（二）常见形式

形式 例句	假如	小句	主语	就	动词词组
1	假如	你早告诉我	我	就	不买了
2		你再推辞的话	我	就	要生气了
3	假如	你早来半个小时的话		就	能看见她了
4	假如	这批货不能如期完成	这家工厂	就	可能会面临倒闭的危机

二、课堂操作程序

（一）语言点导入：问答式导入

（板书语言点“假如……就……”）

老师：我们现在在上课，你能给朋友打电话吗？

学生：不能。

老师：在什么情况才能打呢？（提示：有急事）所以……

学生：（老师指着板书带全班齐说）假如有急事，我们就可以给朋友打电话。

（二）操练一：完成句子

1.假如我们今天不上课，________________________________。

2.假如我现在能去外国旅游，____________________________。

3.假如我是总统的话，________________________________。

4.假如我有一百万，__________________________________。

（三） 操练二：回答问题

1.假如你听不懂老师说的话，你怎么办?

2.假如你是老师，你怎样让学生都喜欢上你的课?

3.假如你爱上了一个人，你怎么告诉她/他?

4.假如你跟比尔·盖茨（Bill Gates） 一样有钱，你想做些什么?

5.假如你在路上看见车祸，你会怎么办?

6.假如我在路上捡到一百块钱，……

（四） 开放式活动：谈梦想

你有什么梦想?（让学生自由发挥）

简直

一、教师须知

（一）语义、功能及注意事项

"简直"是副词。含有副词"简直"的句子是对某种情况的一种强烈的评价。语气夸张，强调完全如此或差不多如此。一般用在形容词词组或者动词词组的前面。

"简直"后面的动词或形容词常常用程度副词修饰程度补语，不可接单个的动词或形容词。在练习该语法时，可复习相关的程度副词或程度补语以便练习。但应注意，程度副词"非常"、"很"不能用在"简直"的后面。

在教美国学生时，要特别注意强调不是所有的"simply"都可以用"简直"来翻译。例如：

A: How can I improve my spoken Chinese?
B: Simply speak more.

在这里，"simply"应翻译为"……就行了。"

参考文献：吕叔湘（1996）；邵敬敏（2000）

（二）常见形式

a)"简直"用于形容词词组前

形式 / 例句	主语	简直	形容词词组
1	今天的天气	简直	太热了
2	这个考试	简直	难死了
3	我	简直	累得连饭也不想吃了

b)"简直"用于动词词组前

形式 / 例句	主语	简直	动词词组
1	他	简直	喝得太多了
2	他	简直	看得入迷了
3	他	简直	玩得太过分了

形式 / 例句	主语(+其他成分)	简直	(就+)是/像/跟……一样
1	我们的校园	简直	是一个花园
2	她	简直	就像我妈一样
3	她跳舞跳得	简直	就跟专业舞蹈演员一样

c) “简直”用于否定词组前

例句＼形式	主语	简直	否定词/否定式词组
1	他	简直	不敢相信自己的眼睛
2	我	简直	吃不下去了
3	我	简直	听不懂他说的话

d) “简直”用于“连”字结构前

例句＼形式	主语+(其他)	简直	“连”字结构
1	他	简直	连睡觉的时间都没有
2	她难受得	简直	连饭都不想吃

二、 课堂操作程序

（一）语言点导入：问答式导入

（板书“简直”）

老师：今天的温度有 100 度，你觉得太热了。你会怎么说?

老师：（指黑板上的语言点，带学生说出）

学生：今天的天气简直太热了。

（二）操练一：套用句型

a) “简直”用于形容词词组前

1. 你一天没吃东西，请告诉我你的感觉。
2. 你一天没喝水，请告诉我你的感觉。
3. 你走了三个小时的路，请告诉我你的感觉。
4. 今天的考试你一个汉字也不会写。你觉得这个考试怎么样?
5. 他不跟别人打招呼，你觉得他怎么样?
6. 我们的校园有山，有水，有花，有草，还有小桥。你觉得我们的校园怎么 样?

b) “简直”用于动词词组前

1. 他喝了 15 瓶啤酒，__________________________。
2. 王朋吃了 100 个饺子，__________________________。
3. 小李一个小时只写了 5 个汉字，____________________。
4. 他开车每个小时开 150 英里,______________________。
5. 甲：我认识一个人，吃别人的，用别人的，还打人，骂人。
   乙：____________________________________。

c) “简直”用于否定词组前

1. 这本书一点都不好看，_________________________。（看不下去了）
2. 他说话说得太快了，___________________________。（听不懂）

3．今天的功课多得不得了，___________________________。（没时间睡觉）

（三）操练二：回答问题

1．（可提示：我饿死了）你为什么吃那么多?
2．（可提示：纽约的房租太贵了）为什么很多在纽约工作的人住在新泽西?
3．（可提示：中国有 13 亿人口）中国为什么要控制人口?
4．（可提示：北京的车很多）为什么很多人不敢在北京开车?

（四）开放式活动: 角色扮演

角色 A: 你第一次去北京，你发现北京是一个令人难忘的城市。你给中国朋友打电话，告诉他你的感受。（你可能用到下列词语：风景、食物、人、购物等。）

角色 B: 你的美国朋友第一次来北京，他/她发现北京是一个令人难忘的城市。他/她给你打电话告诉你他/她的感受。

结果

一、教师须知

（一）语义、功能及注意事项

"结果"可以做连词，引导复句中表结果的后一分句，表述已发生的事情。"结果"可以表示事物自然发展的最后阶段，例如："他到了一个新地方，水土不服，加上不注意休息，结果大病一场。"但是"结果"也可以用来表示事物的发展与预期有差别，常与"还是"或"却"连用，例如："我复习了很久，结果还是没考好。"是否为自然发展的最后阶段或是与预期有差别，要视上下文而定。

"结果"在小句中常与"还是"，"却"连用，强调结果出乎意料。

"结果"只能用于表述已经发生的事情。

（二）常见形式

a) 表示事物自然发展的最后阶段

形式 例句	小句	结果	小句
1	他不断地踢打那棵树	结果	那棵树被他踢倒了
2	王大妈自从去年独子过世，天天以泪洗面	结果	把眼睛哭瞎了
3	他们到处宣传他们的主张	结果	成功地获得了社区居民的支持

b) 表示事物的发展与预期有差别

形式 例句	小句	结果	小句
1	这次比赛他们准备了很久	结果	还是输了
2	王先生和王太太本来准备今年夏天去中国或日本旅行	结果	他们什么地方都没去
3	为了这次的聚会，我们计划了很久	结果	他却在最后一天决定取消了计划

二、课堂操作程序

（一）语言点导入：问答式导入

（板书"……结果……"）

老师：A足球队比B足球队强得多，你们觉得那个球队会赢？

学生：A足球队会赢。

老师：你们说对了，他们昨天赢了五个球。（指着板书）所以你们可以说……

学生：A足球队比B足球队强得多，结果A足球队赢了B足球队三分。

老师：可是有一回，大家都以为A球队会赢，大家没想到那次B球队赢了，（再指着板书）你们应该怎么说?

学生：A球队很强，大家都以为A球队会赢，结果B球队赢了。

（二）操练一：句子转换

1. 我以为我上次考试考得不错，没想到考得很糟糕。→
2. 开车进纽约一般要花很长时间，没想到上个周末那么顺利。→
3. 他们关系很好，我们都以为他们会结婚，可他们上个星期分手了。→
4. 小李的父母都希望他当医生，可他却当了厨师，让他父母大失所望。→

（三）操练二：完成句子

1. 前几天下大雨的时候他去跑步了，结果＿＿＿＿＿＿＿＿＿＿。
2. 昨天晚上我喝了三杯浓咖啡，结果＿＿＿＿＿＿＿＿＿＿。
3. 我们都以为这部电影会得奥斯卡奖，结果＿＿＿＿＿＿＿＿＿＿。
4. 本来我们打算这个周末好好休息，结果＿＿＿＿＿＿＿＿＿＿。
5. 2004年美国总统大选，很多人都看好克里，结果＿＿＿＿＿＿＿＿＿＿。
6. 我原来只想去家具店买一张桌子，结果＿＿＿＿＿＿＿＿＿＿。

（四）开放式活动：编故事

这次去旅行，有很多事情跟我原来想象的不一样。比方说，

我以为那儿的天气＿＿＿＿＿＿＿＿＿＿，结果＿＿＿＿＿＿＿＿＿＿。

我以为那儿的交通＿＿＿＿＿＿＿＿＿＿，结果＿＿＿＿＿＿＿＿＿＿。

我觉得那儿的人＿＿＿＿＿＿＿＿＿＿，结果＿＿＿＿＿＿＿＿＿＿。

别人都告诉我说那儿的食物＿＿＿＿＿＿＿＿＿＿，结果＿＿＿＿＿＿＿＿＿＿。

还有……

仅……就……

一、教师须知

（一）语义、功能及注意事项

“仅……就……”表示在有限的范围中，完成、出现或产生了一个结果。“仅”后面的部分是一个含有数量的名词词组或动词词组，这个数量是相对少的。

（二）常见形式

a)

形式 / 例句	其他成分	仅	带数量的名词词组	就	带数量的动词词组
1	这个学校学中文的学生很多	仅	一个年级	就	有二百多个学生
2	他的中文写作能力很强	仅	两个小时	就	写出了一篇一千二百字的文章
3	这个城市的治安问题很严重	仅	去年一年	就	发生了五百多起抢劫案
4	他总写错别字	仅	一篇三百字的文章	就	有二十多个错别字

b)

形式 / 例句	主语	仅	带数量的动词词组	(主语 2)	就	动词词组
1	他	仅	吃了半碗饭		就	饱了
2	老师	仅	批评了一句	那个学生	就	哭了
3	他	仅	试了两次		就	不想再试了

c)

形式 / 例句	主语	动词词组	仅	带时量的名词词组	就	动词词组
1	他们	结婚	仅	一年	就	离婚了
2	小王	出国	仅	三天	就	想回家了
3	他	学中文	仅	两个月	就	可以跟中国人交谈了

二、课堂操作程序

（一）语言点导入：问答式导入

（板书“……，仅……就……”）

老师：我很喜欢旅行，你们猜我去年一年去了几个国家？

学生：三个/五个……

老师：都不对，我去年一年去了十个国家。所以你们可以说（指着板书）老师……

学生：老师仅去年一年就去了十个国家。

老师：可是我今年身体不好，去了一个地方就不想再旅行了，你们可以说（指着板书）……

学生：老师今年仅去了一个地方就不想再旅行了。

老师：对，而且我出国两个星期就想回家了，所以你们也可以说……

学生：老师出国仅两个星期就想回国了。

（二）操练一：完成句子

1. 那所私立大学的学费很高，仅一年就要＿＿＿＿＿＿＿＿＿＿。
2. 这个学校学中文的学生很多，仅一年级就有＿＿＿＿＿＿＿＿＿。
3. 这个人吃饭吃得很快，仅一个小时就＿＿＿＿＿＿＿＿＿＿＿＿。
4. 他仅看了一小时书就＿＿＿＿＿＿＿＿。
5. 小王仅睡了三个小时就＿＿＿＿＿＿＿＿。

（三）操练二：句子转换

1. 我的朋友当律师，一年可以赚 500 万。→
2. 他是一个好吃懒做的孩子，三年花光了父母留给他的 1000 万美元遗产。→
3. 在中国报考 MBA 的人很多，北京地区今年有 20000 多考生。→
4. 我只骂了一句话，那个小孩马上哭起了来。→
5. 我的老师很厉害，听我说了一句话，马上就知道我是上海人。→

（四）操练三：根据情况回答问题

1. 你的写作速度非常快，请说明你有多快。
2. 假设你很会做生意，请告诉我们你赚钱赚得有多快。
3. 形容一个很容易生气的人。
4. 形容一个在短暂的时间内就能出现的结果。

（五）开放式活动：谁厉害

跟你的同学互相吹吹牛，比比看，谁在最短的时间内做的事情最多或最难。

尽管

一、教师须知

（一）语义、功能及注意事项

"尽管"做连词用时，"表示让步；虽然"，通常用于前一小句，"后一小句用[连词]'但是、可是、然而、可、[或副词] 还是、仍然、却'等呼应"（吕叔湘 2003, 307 页）。连词应用于后一小句的句首，副词应用于动词前；可以只用连词或只用副词，也可二者同时使用。

参考文献：吕叔湘（2003）

（二）常见形式

形式／例句	尽管	小句	(但是/可是/然而/可)	(主语)	还是/仍然/却	形容词词组/动词词组
1	尽管	天气恶劣	但是	他		按时赶到了
2	尽管	他尽了最大努力	可是		还是	没有及格
3	尽管	没有他的帮助		我们	还是	成功了
4	尽管	他想去中国学习			却	一直未能成行
5	尽管	这种方法很费时	可	他	仍然	坚持这么做
6	尽管	休息了三天了		我	还是	觉得很累

二、课堂操作程序

（一）语言点导入：问答式导入

（板书"尽管"）

老师：中文难不难学?

学生：很难。

老师：可是你们还是喜欢学中文，对不对?

学生：对。

老师：（指着板书）所以我们可以说……

学生：尽管中文很难学，但是我们还是很喜欢学。

（二）操练一：句子转换

1. 小王给李小姐送了三次花了，可是她还是不答应跟他出去吃饭。→
2. 她丈夫做的菜很难吃，她还是吃了很多。→
3. 这件衣服非常贵，她最后还是决定买了。→
4. 昨天特别热，他却跟往常一样跑了一个小时的步。→

（三）操练二：完成句子

1. 尽管天气不好，____________________。
2. 尽管医生想了很多办法，______________。
3. ________________，可是他还是尽力地去帮助穷人。
4. ________________，然而他还在生我的气。

（四）操练三：回答问题

1. A：你看中文电影，花的时间太多了，对你的学习不太好吧？
   B：________________________________。
2. A：他提了那么多解决问题的方法，怎么没人支持呢？
   B：________________________________。
3. A：汉语很难，你还打算继续学下去吗？
   B：________________________________。
4. A：这家饭馆的菜太贵了，我们要不要换一家？
   B：________________________________。

（五）开放式活动：谈谈你的看法

1. 大城市有很多问题，例如交通拥挤、治安差、物价贵等，可为什么还是有很多人喜欢在那里生活工作？
2. 就中国改革开放以后发生的变化及产生的问题，谈谈你的看法。

爱……就……

一、教师须知

（一）语义、功能及注意事项

表示主语的行为、想法或决定不受任何限制。“爱”与“就”后面所带的短语形式一致。本语言点多数用于两种情况：一、回应他人的质疑或阻止时；主语是第一人称时，语气欠委婉；二、放弃对他人的规劝时。例如：

1. A: 你不能在这儿抽烟！
   B: 我爱抽就抽，你管不着。（回应他人的阻止）
2. A：你别喝了！
   B：怎么啦？这是我的自由！
   A：你爱喝就喝，爱喝多少就喝多少，头疼可别找我。（放弃规劝）

参考文献：刘德联，刘晓雨（2005）；吕叔湘（1996）；台湾中央研究院现代汉语平衡语料库

（二）常见形式

a)

形式 / 例句	主语	爱	动词词组	就	动词词组	其他成分
1	我	爱	抽（烟）	就	抽（烟）	你管不着
2	小张	爱	明天走	就	明天走	
3	你	爱	说	就	说	

b)

形式 / 例句	主语	爱		就		其他成分
1	我	爱	在什么地方看书	就	在什么地方看书	
2	小张	爱	什么时候走	就	什么时候走	我们别管他
3	你	爱	跟谁说	就	跟谁说	

二、课堂操作程序

（一）语言点导入：情景式导入

（板书“爱…… 就……”）

情景：有一个人想跟自己爱的人结婚，可是他/她妈妈不同意，由老师扮演妈妈。

老师：你不能跟那个人结婚。（指着板书）

学生：我爱跟谁结婚，就跟谁结婚。

（二）操练一：根据情景或提示完成对话

1.（情景：钱不是A的）

A：那辆车那么贵，你别买了，太浪费钱了。

B：____。

2.（情景：B不是老师）

A：你别在教室里唱歌，行不行?

B：____。

3.（情景：B不是A的父母）

A：你不能喝酒。

B：____。

4.（情景：B有决定的自由）

A：你不能跟这样的人交朋友。

B：____。

5.（情景：A只是B的同学，不应该管B整理屋子的事）

A：你怎么天天整理你的屋子?

B：____。

（三）操练二：完成句子

1. 你不听我的，一定要喝酒，那你____________________________。
2. 你不听我的话，一定要去那个地方，那你____________________。
3. 你今天不去，明天也不去，那你__________________________。
4. 我说这个东西不好，你要买；我说那个东西不好，你还要买，
   那你____。
5. 我做了那么多好吃的东西，你都说不好吃，那你______________。

（四）操练三：开放练习

把学生分成小组，一方扮演父母，认为孩子在交朋友、学习、玩乐、工作等方面的选择不正确；另一方扮演很不听话的孩子，执意违背父母的意愿。双方发生了冲突。

time + 就……（了）

一、教师须知

（一）语义、功能及注意事项

在"……time + 就……（了）" 句型中，副词"就"的作用是表明说话者认为某事发生、结束得早、历时短或较易。

如果"……time + 就……（了）"中的事情已经发生了，句末应有"了"。

与此句型相关的是"……time + 才……"，副词"才"的作用是表明说话者认为某事发生、结束得晚、历时长或较难。

这两个句型中的时间可以是时间点，也可以是时间段。

参考文献：吕叔湘（2003）

（二）常见形式

a) time + 就……（了）

形式 例句		time	就	动词词组/形容词词组	（了）
1	我母亲	明天	就	来	
2	小张	昨天晚上八点	就	做完作业	了
3	小张	一个小时	就	把报告写完	了
4	他锻炼了	半年	就	瘦下来	了

b) time + 才……

形式 例句		time	才	动词词组/形容词词组
1	我母亲	明天	才	来
2	小张	昨天晚上三点	才	做完作业
3	小张	三天	才	把报告写完
4	他锻炼了	半年	才	瘦下来

二、课堂操作程序

（一）语言点导入：问答式导入

（板书"time + 才……"和"time + 就……（了）"）

老师：你每天晚上几点睡觉？

学生：十二点。

老师：你们觉得他睡得晚不晚？

学生：很晚/不晚。

老师：他每天晚上几点睡觉？

学生：（老师指着“time + 才……”带认为很晚的学生齐说）他每天晚上十二点才睡觉。

老师：他每天晚上几点睡觉？

学生：（老师指着“time + 就……（了）”带认为不晚的学生齐说）他每天晚上十二点就睡觉了。

老师：昨天的功课你从几点做到几点？

学生：我从三点做到五点。

老师：你们觉得两个小时长不长？

学生：很长/不长。

老师：他昨天用了多长时间做完功课？

学生：（老师指着“time + 才……”带认为很长的学生齐说）他昨天用了两个小时才做完功课。

老师：他昨天用了多长时间做完功课？

学生：（老师指着“time + 就……（了）”带认为不长的学生齐说）他昨天用了两个小时就做完功课了。

（二）操练一：回答问题

1. 我每天六点起床。你呢？
2. 我每天六点半吃早饭。你呢？
3. 我每天八点开始上课。你呢？
4. 昨天我下午两点才起来。你呢？
5. 我昨天晚上十点才吃晚饭。你呢？
6. 昨天我九点就睡觉了。你呢？
7. 我们的课文我一分钟就能看完。你呢？
8. 我三、四天才能写完一篇英文文章。你呢？
9. 学了一年中文以后，你就能看中文小说了吗？

（三）操练二：互动问答（“才”、“就”一起练习）

学生二人一组互问前一天是几点起床、吃早饭、去上课、吃中饭、吃晚饭、写完作业、睡觉的等，然后向全班用“才”、“就”句型对比二人的情况。

（四）开放式活动：角色扮演（“才”、“就”一起练习）

学生分组，描述两个作息时间、学习习惯及能力等很不一样的大学生。

大学生1：早起早睡，生活有规律，早早完成学习任务

例：我的朋友早上七点就起床去图书馆。他一、两个小时就能写完报告……

大学生2：生活懒散，学习没有规律，总是拖拉

例：我的朋友常常中午才起床。他晚上睡得很晚，总是两三点钟才睡觉……

就……而言

一、教师须知

（一）语义、功能及注意事项

“就……而言”是介词词组，“表示从某方面论述”（吕叔湘 1996, 283 页）。也可以说“就……来说”、“就……来讲”或“就……来看”。

参考文献：吕叔湘（1996）；台湾中央研究院现代汉语平衡语料库

（二）常见形式

例句 \ 形式		就……而言		评论或说明
1		就内容而言	这部电影	不适合儿童观看
2	太庙的大殿	就外观而言		十分宏伟
		就设计而言		精妙至极
		就工艺而言		巧夺天工

二、课堂操作程序

（一）语言点导入：问答式导入

（板书“就……而言，……）

老师：你认为纽约这个城市怎么样？请谈谈交通情况、居住环境、住房条件、文化活动、治安情况、工作机会等。（老师指着板书“就……而言”）

学生 1：就交通情况而言，……

学生 2：就居住环境而言，……

学生 3：就文化活动而言，……

（二）操练一：句子转换

1. 这部电影，情节太复杂了，一般人可能看不懂。→
2. 这个地区，交通非常不方便，如果没有车，哪儿都去不了。→
3. 这款跑车非常吸引人，颜色很鲜艳，价格也比其他跑车便宜。→

（三）操练二：完成句子

1. 电子邮件带给现代人很多好处，就联络速度而言，____________。
2. 就环境保护而言，美国 ____________。
3. 就外交政策而言，美国 ____________。

（四）开放式活动：比较

1. 让学生比较两种语言。
2. 请学生就中美两国进行比较。

居然

一、 教师须知

（一）语义、功能及注意事项

"居然"是副词，放在谓语前边表示出乎说话者意料之外，但是说话者本身不能出现在句子之中。这跟"想不到/没想到"不同，而前者和后者可以连用，例如：

1. 他没想到你居然能活着回来。（"你活着回来"，令"他"出乎意料）
2. 没想到你居然能活着回来。（"你活着回来"，令"我"出乎意料）

一般说来，在下列三种情况下，可以用"居然"来表示意想不到。第一，本来不应该发生的事情竟然发生了（吕叔湘 1994, 286 页）。例如：

1. 他们俩上个月才结婚，昨天居然办理了离婚手续。
2. 他居然骂他爸爸。

第二，本来不可能发生的事情竟然发生了（286-87 页）。例如：

1. 他一个星期没有吃东西，居然还活着。
2. 我那么大声说了三次，他居然说没听见。

第三，本来不容易做到的事情竟然做到了（287 页）。例如：

1. 他居然用脚画出了那么漂亮的画！
2. 他居然在四秒钟之内喝完了一大瓶啤酒。

参考文献：吕叔湘（1994）

（二）常见形式

a)

形式 / 例句	主语/状语	居然	谓语
1	他	居然	不知道一年有多少天
2	小王	居然	把自己弟弟的名字忘了
3	六月里	居然	下起了大雪

b)

形式 / 例句	第一分句	第二分句		
		(可是+)主语	居然	谓语
1	那件事，我五分钟前才告诉他	他	居然	给忘了
2	他俩的兴趣爱好完全不同		居然	成了好朋友
3	医生都说他最多只能活三个月	可是他	居然	又活了十几年

二、课堂操作程序

（一）语言点导入：问答式导入

（板书"居然"）

老师：他学过三年美国历史，可是不知道美国第一任总统是谁。这是不是令人难以相信?

学生：是。

老师：所以，我们可以说，他……

学生：（老师指着板书带全班齐说）他学过三年的美国历史，居然不知道美国第一任总统是谁。

（二）操练一：完成句子

1. 学了四年的法文，她居然____________________________________。
2. 那么多的功课，别人三天不睡觉都做不完，他居然____________________。
3. 他的女朋友非常生气，因为他居然______________。（提示：忘了她的生日）

（三）操练二：句子转换

1. 飞机上不许抽烟，可是他却躲在厕所里抽烟。→
2. 一般的人在冰水中只能游几分钟，可是他却在冰水中游了二十分钟。→
3. 大家都觉得每天都记住 100 个生词是不可能的，可是他做到了。→

（四）操练三：根据情景表述你的惊讶

1. 他吃完饭没付钱就想离开饭店。真不像话!
2. 他从五层楼的楼顶上掉了下去，却只受了点皮外伤。真是奇迹!
3. 那件衣服看起来很普通，可是商店却要卖 2000 美元。

（五）操练四：开放式活动

1. 比比谁的邻居、同屋或同学最麻烦。例如：

   我的同屋太不像话了！半夜两点他居然还在房间里……

   我有一个同学居然在上课的时候……

2. 比比看谁的男/女朋友在谈恋爱以后的变化最大，例如：

   他/她以前……，现在居然……

看来

一、教师须知

（一） 语义、功能及注意事项

“看来”是“插入语。根据客观情况估计”（吕叔湘 1999, 333 页）。放在第二分句句首。第一分句先说明情况，“看来”之后所带的第二分句则是根据第一分句所提供的情况所做的判断。可以判断未发生的情况，也可以判断已发生而说话者事前并不知道的情况。上下文清楚时，第一分句可由主语或话题取代（见常见形式 b）。

有时候学生会将“看来”与“看起来”混用，其实二者不同，请见操练四。

参考文献：吕叔湘（1999）

（二） 常见形式

a)

形式 / 例句	第一分句	看来	第二分句
1	作业这么多	看来	这个周末不能出去玩了
2	那家餐馆的外面排满了客人	看来	他们的菜一定很好吃
3	他今天早上两眼红肿	看来	他昨天没睡好觉
4	油价持续攀升	看来	大家都得少开车了

b)

形式 / 例句	主语/话题	看来	动词词组
1	这件事	看来	他是不会愿意做的
2	他那个人	看来	没读过什么书
3	电脑这个专业	看来	还是比较受欢迎的

二、课堂操作程序

（一） 语言点导入：问答式导入

（板书“看来”）

老师：怎么有那么多人去那家商店买东西呢？你们猜可能是什么原因？

学生：可能那家商店的价钱比较便宜。

老师：我们可以说（指着板书）……

学生：看来那家商店的东西比较便宜。

（二） 操练一：句子转换

1. 他最近又买房子、又买车子，一定是发财了！→
2. 这家理发店生意总是不太好，师傅的手艺肯定不好。→
3. 每个星期五都有考试，所以星期四晚上图书馆的人总是很多，可是这个星期四的人很少，我想明天可能没有考试。→

（三） 操练二：完成句子

1. 今天餐厅里没有什么人吃饭，看来______________________________。
2. 这个孩子不爱学习，看来______________________________________。
3. ____，看来他昨天没睡好。
4. __________________________________，看来将会有不少人投资股市。

（四） 操练三：回答问题

1. 天上的乌云这么多，一会儿会下雨吧，我们还出去吗?
2. 现在的房价那么高，你们一定要在这时候买房子吗?
3. 小李博士已经读了八、九年，连一篇论文都没发表过，他毕得了业吗?

（五） 操练四：对比练习（根据下面的文意，填入“看来”或者“看起来”）

A: 今天天气______（看起来）不错，我们出去玩吧！

B: 我是想出去玩，但是作业这么多，______（看来），我是去不成了！

A: 你________（看起来）很紧张，不交作业会很麻烦吗?

B: 当然！我们老师______（看起来）人很好，可是对学生的要求很严，如果我不交作业，一定会有大麻烦的！

A: 好吧！______（看来）你是不愿意跟我们出去玩。

（六） 开放式活动：角色扮演

（情况：根据报纸报道，现在中国经济发展得很快，百姓的余钱也比较多了，于是不论是消费市场或是投资市场都很受一般百姓注意。）

学生两人一组，分别扮演两个普通百姓，正在讨论报道内容。

可+要/得；可+不要/不能/别

一、教师须知

（一）语义、功能及注意事项

“可”是语气副词，用于祈使句，强调一定或千万要如何或者一定或千万不要如何，其后一般有“要”、“不要”、“得”、“不能”、“别”等词，有说话者对听者恳切劝导或恳切要求的意思（吕叔湘 1996, 299 页）。句末有语气助词时，语气比较委婉。

参考文献：李晓琪（2003）；刘月华等（1996）；吕叔湘（1996）；台湾中央研究院现代汉语平衡语料库

（二）常见形式

形式 例句	主语/话题	(1) 可+要/得 (2) 可+不要/不能/别	动词词组	(语气助词)
1	你这次旅行回来	可要	给我买礼物	
2	你	可不要	又忘了还书	
3	我们做事	可得	对得起良心	呀
4	这份报告	可不能	不按时完成	
5	今天的晚会，你	可别	喝太多酒	啊

二、课堂操作程序

（一）语言点导入：问答式导入

（板书“可+要/得”；“可+不要/不能/别”）

老师：你的朋友喜欢在英特网上交朋友，你觉得非常危险，你觉得她一定得小心，你怎么跟她说？

学生：（老师指着板书带学生齐说） 你可要小心啊 / 你可得小心 / 你可别在网上交朋友 / 你可得注意安全啊 ……

（二）操练一：句子转换

1. 明天要考试，你一定得好好准备。→
2. 你第一次离开家去上大学，一定要好好照顾自己。→
3. 你在家里玩球，不能打破东西。→

（三）操练二：开放式问答

1. 你的朋友在晚会上喝了很多酒，他想开车回家，你会怎么说？
2. 你的朋友刚学会开车，很兴奋，想赶快买车、开车。你想给他一些劝告，你会怎么说？
3. 你朋友明天有个工作面试的机会，你会给她什么建议？

（四）开放式活动：角色扮演

1. 两人一组，扮演 A 的学生告诉扮演 B 的学生他明天就要去夏威夷旅行了。扮演 B 的学生向 A 提出劝告和要求。
2. 把夏威夷换成另外一个地方，学生交换角色，再做一遍。

恐怕

一、教师须知

（一）语义、功能及注意事项

"恐怕"是副词，表示说话者对某事的担心、猜测或者估计，常出现在句首。也可放在句中谓语前。"我"，即说话者，不出现在句子之中。

（二）常见形式

a)

例句＼形式	恐怕	小句
1	恐怕	你的导师不会同意你的计划
2	恐怕	今年冬天会特别冷
3	恐怕	他不能很快适应美国的生活

b)

例句＼形式	话题或主语	恐怕	谓语
1	他	恐怕	今天晚上不会回来了
2	你的父亲	恐怕	会对你很失望
3	吃饭的时候大声说话	恐怕	不太礼貌

二、课堂操作程序

（一）语言点导入：问答式导入

（板书"恐怕+……"）

老师：有位同学今天没来上课，你们猜他为什么没来?
学生：他可能生病了/他大概睡过头了/他也许有急事……
老师：你真的知道他生病了/他睡过头了/他有急事……吗?
学生：不知道。
老师：（指着板书）所以可以说……
学生：我恐怕他生病了/我恐怕他睡过头了/我恐怕他有急事……
老师：不应该说"我"，应该说（指着板书）……
学生：恐怕他生病了/恐怕睡过头了/恐怕有急事……
老师：也可以说（用手势示意学生将"他"移至"恐怕"之前）……
学生：他恐怕生病了/他恐怕睡过头了/他恐怕有急事……

（二）操练一：完成小对话

1. A：小林怎么今天没有来吃饭?
   B：恐怕____________________。（他今天生病了）

2. A：我听说这个歌剧很受欢迎，我们现在去还买得到票吗?
   B：恐怕______________________。（票已经卖完了/买不到票了）
3. A：这种车型听说很贵，你知道要多少钱?
   B：恐怕要____________________。（六万美金）

（三）操练二：完成句子

1. 一个人在外国生活恐怕__________________________。（不太容易习惯）
2. 看电影的时候不关手机恐怕会____________________。（影响大家看电影）
3. 这么漂亮的房子，租金恐怕要____________________。（两千美金一个月）

（四）开放式活动：编故事

1. 你跟你的朋友约好在一个地方见面，可是左等右等，他都不来，而且不接电话。一个小时以后，你开始着急，并试图想出各种可能的原因。用“恐怕”说一说你所能想到的原因。

2. 今天晚上你要去赴约，可是你从来没有见过这个人，只是在网上聊过天。所以你有一些担心。用“恐怕”说一说你所担心的事。

快/快要…… 了

一、教师须知

（一）语义、功能及注意事项

“快/快要…… 了”用来表示某种情况在很短的时间内会出现或发生，或者表示状态、数量上的接近，见常见形式a的例句。

“快要”跟“快”的意义基本一致，但是“快要”后只能接动词或形容词，而“快”后除了动词和形容词，还可以接时间名词、数量词，见常见形式 b 的例句。

“就要……了” 跟“快要……了”用法相似，同样是表示时间，状态，数量上的接近， “快要…了”所表示的接近程度，不如“就要……了”。此外，“就要……了”前可有时间词，而“快要……了”不可。例如：

1. 下个月，他就要毕业了。
2. * 下个月，他快要毕业了。

（二 ）常见形式

a)

形式 例句	主语	快（要）	动词词组/ 形容词词组	了
1	飞机	快（要）	起飞	了
2	天	快（要）	黑	了
3	她	快（要）	跟她妈妈一样高	了

b)

形式 例句	主语/主题	快	时间名词/数量词	了
1		快	八点	了
2	老冯	快	七十	了
3	我学中文	快	三年	了

二、课堂操作程序

（一）语言点导入：问答式导入

（板书“快/快要……了”）

老师：火车九点开， 现在已经八点五十五分了，用“快要”怎么说?

学生：（老师指着板书带全班齐说）火车快要开了。

老师：现在几点钟了?

学生：（老师指着板书带全班根据当时的时间齐答，例如）现在快三点半了。

（二）操练一：完成句子

1. 快周末了，____________________。
2. 他快要去中国了，所以，______________。
3. 快要过年了，所以，________________。
4. 他们两个人快要结婚了，可是，__________。

（三）操练二：根据情景回答问题

1. （提示：现在三月，他五月毕业，可是还没有找工作）你为什么说他做事很慢?
2. （提示：后天有考试）这几天为什么你都睡得很晚?
3. （提示：两天以后是你朋友 21 岁生日）你为什么买酒?
4. （提示：飞机十点起飞，现在九点半了，你还没到机场。）为什么你很着急?

（四）开放式活动：问答

学生分组，一问一答，说明为什么在美国对父母和孩子来说，18 岁都是一个很重要的年龄。（例如：孩子快要上大学了/孩子快要离开父母了/孩子快要成为大人了……）

况且

一、教师须知

（一）语义、功能及注意事项

“况且”是连词，引出进一步申述或追加的理由；在含有“况且”的小句中常有“又、也、还”等与之搭配（吕叔湘 1994, 306 页）。

在陈述句中，“况且”通常可与“何况”互换，如下文“常见形式”各例句中的“况且”都可用“何况”替代。但是，“何况”可以用来构成反问句，“况且”不能（231 页）。例如：

1. 这个问题连大人都说不清楚，何况七、八岁的孩子呢？
2. * 这个问题连大人都说不清楚，况且七、八岁的孩子呢？

参考文献：吕叔湘（1994）

（二）常见形式

形式 / 例句	理由	况且+申述或追加的理由	（其他成分）
1	他法文说得不错	况且在法国住过一年	去法国，他给大家当导游最合适
2	去北京学中文的机会很难得	况且学校还给你奖学金	你为什么不去呢
3	这项工程难度很大	况且目前资金又不足	我们还是等一等再说吧

二、课堂操作程序

（一）语言点导入：问答式导入

（板书“……，况且（……又/也/还）……”）

老师：学好中文要花很长时间，你们为什么还要学？

学生：（可能说出）中文很有意思/我想了解中国文化/我想去中国工作/我想研究中国历史……

老师：（再问一遍）学好中文很不容易，你们为什么还要学呢？

学生：（老师指着板书带全班齐说） 中文很有意思，况且我想了解中国文化/况且我想去中国工作/况且我想研究中国历史……

（二）操练一：完成句子

1. 最近几年，学中文的人越来越多了，因为＿＿＿＿＿，况且＿＿＿＿＿＿＿。
2. 我对我的大学非常满意，因为＿＿＿＿＿，况且＿＿＿＿＿＿＿。
3. 对中国来说，2008 年奥运会在北京举行有很多好处，因为＿＿＿＿＿，况且＿＿＿＿＿＿＿。

（三）操练二：回答问题

1. 有名的私立大学学费都非常贵，为什么很多人即使借钱也要上这样的大学呢?
2. 你为什么选择了你的专业?
3. 为什么纽约吸引了很多年轻人?
4. 承办奥运会要花费大量的时间和金钱，为什么很多国家都要申办奥运会呢?
（可提示：盈利/让别的国家更加了解自己的国家）

（四）开放式活动：说服别人

1．你的朋友昨天来看你，可是明天就想回去，请你说服他多住几天。
2．从天气、环境以及对身心健康的好处，说服别人多做一些户外活动。
3．分组讨论：你会不会设身处地为别人着想?

老师把学生分成小组，指定各组分别代表中国、美国等。各组应该先想出跟自己有关的常见的批评，然后讨论应该怎样从自己小组所代表的国家的角度回应这些批评，最后各组轮流报告，说明对他们常见的批评是什么，并用“……，况且（……又/也/还）……”说出对这些批评的回应。

V…… 来/去

一、教师须知

（一）语义、功能及注意事项

"来"跟"去"用在谓语动词后边，补充说明动作的趋向。常与之搭配的动词有"上下进出回过"等，构成"上来、上去、下来、下去……"等结构。"来、去"表示的方向是根据说话人所处的位置决定的。"来"表示从别的地方到说话人这里，"去"表示从说话人这里到别的地方。如果有表示地点的词，应该放在动词"上/下/进/出/过/回"和"来/去"的中间；如果用这个结构所表示的动作已经完成，"了"应该放在"来/去"后面。

（二）常见形式

形式 例句	主语	动词 (上/下/进/出/过/回)	(表示地点的名词)	来/去	(了/其他助词)
1	他	上		来	了
2	小张	下	楼	去	了
3	你	进		来	
4	你们	出		去	吧
5	他	回	家	去	了

二、课堂操作程序

（一）语言点导入：图画及表演导入

（板书"V…… 来/去"）

老师：（老师先在黑板上画两个人，用相反方向的箭头表示动作的来去方向，以便使学生明白"来/去"的意义。然后老师让一名学生出教室去，然后对其他学生说）他出去了。

学生：（老师指着板书带全班齐说）他出去了。

老师：（让出去的学生进来）他进教室来了。

学生：（老师指着板书带全班齐说）他进教室来了。

（二）操练一：看图回答问题

（老师课前准备好几张图片，分别是：大楼、教室、图书馆、电影院等。）

1.（老师出示一张大楼的图片。）

老师：我们现在在楼下，小王在哪儿？（然后手指楼上）

学生：________________________。（提示：小王上楼去了）

老师：我们现在还在楼下，小王下来了吗？（然后手指楼梯）

学生：________________________。（提示：小王下来了）

2.（老师出示一张图书馆的图片。）

老师：我们现在图书馆外边，小王去哪儿了？（然后手指图书馆门）
学生：______________________。（提示：小王进图书馆去了）
老师：我们现在还在图书馆外边，小王回来了吗？（然后摆手）
学生：______________________。（提示：小王还没有回来）

（三）操练二：互动发出指令

让同学互相给指令，进出教室或上下楼梯。

（四）开放式活动：看图说话

教师给学生一张图画，画的是一个男生给女朋友送花，男生在他的房间（一层），女生在她的房间（另一座楼的 10 层），两座楼中间有花店和马路。请学生说明男生买花送花的全过程。

V1 了…… V2……

一、教师须知

（一）语义、功能及注意事项

用在动词后的动态助词“了”表示动作的完成。如果动词带宾语，“了”应在动词和宾语之间。

本语言点所例释的是含有动态助词 “了”的动词词组后有一个分句的情况。该分句中的动作或情况发生在前面动词词组中的动作完成之后。

含有动态助词 “了”的动词词组后，可根据需要加“以后”，使该成分变为时间短语。例如：吃了饭以后，我要看书。

“了” 的其他用法本条目不讨论。

（二）常见形式

a) 主语/主题相同（主语相同时，主语可在句首，也可在后面的分句前）

形式 例句	主语/主题	含有“了”的动词词组	主语/主题	分句
1		看了电影以后	我们	还要去图书馆借书
2	他	买了票		就回家了
3	这本书	你看了以后		应该给大家讲一讲

b) 主语/主题不同

形式 例句	主语 1/主题 1	含有“了”的动词词组	含有“主语 2/主题 2”的分句
1	老师	说了以后	学生再说
2	我们	吃了饭以后	他总是抢着付钱
3	这个问题	解决了	下一个问题才能开始讨论

二、课堂操作程序

（一）语言点导入：问答式导入

（板书“V1 了…… V2……”）

老师：现在我们在上课，你们能不能去游泳?

学生：不能。

老师：你们什么时候能去游泳?

学生：（老师指着板书带领全班齐答）我们下了课以后可以去游泳。

（二）操练一：回答问题

1. 要是你去了中国，你父母会不会去看你?
2. 上课的时候，我们先练习语法还是老师先讲语法?
3. 你不做完作业，能睡觉吗?

4. 应该先跑步还是应该先吃饭？
5. 学中文以前，去中国好不好？

（三）操练二：学生互动回答

（老师先根据一个学生的答案追问，给学生做示范，然后让学生互问）

下了课，你要做什么？（吃中饭）→ 吃了中饭，你要做什么？（写作业）→ 写了作业以后，你要做什么？（跑步）→ 跑了步以后，你要做什么？……

（四）开放式活动：叙述

1. 你每天早上、中午、下午、晚上做些什么？

学生两人一组，互相说说自己早上、中午、下午、晚上做些什么？如：

我每天早上八点起床，起了床以后，我会洗澡；洗了澡以后，我吃早饭；吃了早饭以后，我去上课……

2. 明天早上、中午、下午、晚上，你要做些什么？

学生两人一组，互相说说自己明天早上、中午、下午、晚上要做些什么？如：

我明天早上八点起床，起了床以后，我要洗澡；洗了澡以后，我要吃早饭；吃了早饭以后，我要去上课……

连……都/也……

一、教师须知

（一）语义、功能及注意事项

"连……都/也……"用来表示强调。说话人通过本结构提供某特殊事例来支持或说明上文中所提到的情况或事实。"连"的后边"可以是主语，也可以是前置宾语或其他成分"（吕叔湘 1999, 364 页）。如果强调的不是主语，主语则可以出现在"连"之前，也可出现在"都/也"之前。

有时，为强调某情况的极端性，"连"和"都/也"中间可用含有数量词"一"的短语，这时，"都/也"后的动词词组必须是否定式。例如：为了赶时间，他连一口水都没喝就走了。

"连"的前面还可以加上副词"甚至"来加强语气。

参考文献：李晓琪（2003）；刘月华等（1996）；吕叔湘（1999）；台湾中央研究院现代汉语平衡语料库

（二）常见形式

a)

形式 / 例句	情况	连	主语	都/也	谓语成分
1	这道题非常容易	连	小学生	都	会做
2	中国的交通问题越来越严重	连	小城市	也	一样
3	北京的房价越来越高	连	郊区的房子	也	贵得不得了

b)

形式 / 例句	情况	连	前置宾语	都/也	谓语成分
1	他病得很重	连	水	都	喝不了了
2	他家里很穷	连	二十块钱的学费	也	拿不出来
3	他太饿了	连	树叶、草根	都	吃

c)

形式 / 例句	情况	连	其他成分	都/也	谓语成分
1	我最近忙极了	连	周末	也	得去办公室
2	今天听演讲的人真多	连	走廊里	都	站满了人
3	他对我太不了解了	连	我是不是美国人	都	不清楚

二、课堂操作程序

（一）语言点导入：问答式导入

（板书"连……都/也……）

老师：（在黑板上写一个不常见的字）认识这个字的人很少，我不认识，你们认识吗?

学生：不认识。

老师：（指着板书）你们可以说……

学生：认识这个字的人很少，连老师也不认识。

（二）操练一：根据情景完成句子

1.（她妈妈也不知道她在哪儿）没有人知道我的朋友在哪儿，____________。
2.（他不想吃饭）他太累了，____。
3.（她没去过纽约）美国很多地方她都没去过，_________________________。
4.（没有一分钱）我的朋友的钱都丢了，现在，_________________________。
5.（不会说"谢谢"、"再见"）老王刚来美国的时候不会说英文，________。

（三）操练二：根据情景回答问题

1.（有的同学没有准备也考了九十多分）为什么说这次考试很容易?
2.（忘了自己的名字）为什么说小王被车祸吓坏了?
3.（那个人卖假药）你为什么说他很坏?
4.（睁不开眼睛了）你为什么说他很累?
5.（他冬天也穿短裤）你为什么说他不怕冷?

（四）开放式活动：角色扮演

学生两人小组，互相解释为什么要批评或夸自己的男/女朋友。

1. 批评男/女朋友

   例如：记不得生日；不整理房间；不愿意帮忙；不常常打电话等

2. 夸男/女朋友

   例如：记得对方父母的生日；天天整理狗窝；爱帮助别人等

另外+ 动词……

一、教师须知

（一）语义、功能及注意事项

“另外+动词词组”中的“另外”是副词，“表示在上文所说的范围之外”，“常和‘还、再、又’等副词同用”（吕叔湘 1999, 370 页）。“另外”前可根据语义使用“不、没”和状态动词。含有“另外+动词词组”的句子有时有主语，是动词的施动者（见常见形式 a），有时有主题，是动作的受动者（见常见形式 b）。

参考文献：刘月华等（2005）；吕叔湘（1999）

（二）常见形式

a)

形式 / 例句	上文	主语	(不/没)	(状态动词)	另外	(还/再/又)	动词词组
1	公司目前已经人员过剩	老板	不	愿意	另外	（再）	雇人
2	他做了一些房地产投资				另外	（又）	办了一家公司

b)

形式 / 例句	上文	话题	(不/没)	(状态动词)	另外	(还/再/又)	动词
1	我每个月的房租很贵，但是	电费	不	需要	另外	（再）	付
2	学费只是学费	食宿费		必须	另外		交

二、课堂操作程序

（一）语言点导入：问答式导入

（板书“另外+ 动词……”）

老师：你们的学费包不包括食宿费？

学生：不包括。

老师：你们在这儿上学需不需要付学费？需要再付食宿费吗？

学生：（老师指着板书带全班齐答）我们在这儿上学得付学费，还需要另外付食宿费。

老师：也可以先说“食宿费”。怎么说呢？

学生：（老师指着板书带全班齐答）我们在这儿上学得付学费，食宿费还需要另外付。

（二）操练一：句子转换

1. 我觉得你这件衣服不适合穿着去参加婚礼，你应该找一件别的。→
2. 这个人工作不太认真，我们还是再找一个人吧。→
3. 吃的东西请你先算钱吧，因为吃的东西和用的东西我们要分开付。→
4. 今天的考试没有听力，听力我们找别的时间考。→

（三）操练二：完成句子

1. 如果这个时间对你不合适，我们可以________________。
2. 你的钱都投资在股票上，太单一，我建议你________________。
3. 我们一共需要十个人，这里只有七个，其他三个人________________。
4. 自助餐一般不包括酒，所以酒________________。

（四）操练三：回答问题

1. 我租的房子现在有点儿小了，因为我的东西越来越多了。怎么办?
2. 我的电脑坏了。怎么办?
3. 在美国，去饭馆吃饭，账单一般包不包括小费?
4. 旅馆的房间的价格里一般包不包括长途电话费?

（五）开放式活动：角色扮演

学生二人一组，分别扮演房东和想租房子的人。想租房子的人想打听清楚房租包不包括水费、电费、电话费、有线电视费、网络费等。此外，他/她也想知道除了付房租以外，还需要做什么，例如需不需要付定金，签租约等。

论……

一、教师须知

（一）语义、功能及注意事项

“论”在此“表示根据某个方面来谈。‘论’常在主语前，有停顿；也可在主语后，其前有停顿”（吕叔湘 1999, 373 页）。

本条目参考书目：吕叔湘（1999）

（二）常见形式

a)

形式 / 例句	论	话题	评论
1	论	运动	他比你强得多
2	论	唱歌	你比他好多了
3	论	气候	日本属于温带地区

b)

形式 / 例句	主语	论	话题	评论
1	那个音乐厅	论	设备	是目前北京最好的
2	我的老师	论	学识	比谁都强
3	我儿子	论	人缘	没人比他好

二、课堂操作程序

（一） 语言点导入：问答式导入

（板书“论……，主语……”；“主语，论……”）

老师：纽约的交通是不是比别的城市都方便?

学生：是。

老师：（指着板书）所以我们可以说……

学生：论交通，纽约最方便。

老师：我们还可以说，纽约……

学生：纽约，论交通最方便。

（二）操练一：完成句子

1. 中文，论发音比法文______；论语法比法文______。
2. 我跟我弟弟很不同，论性格______；论长相______。
3. 中国跟美国虽然都是大国，但是，论经济______；论人口______。

（三）操练二：回答问题

1. 你认为上公立学校还是上私立学校好？（提示：学费/教学质量）
2. 你觉得住在纽约好还是住在旧金山好？（提示：交通/环境）
3. 你觉得谁是美国最好的总统？（提示：人品/能力）

（四）开放式活动：我的偶像

老师提供几张照片，照片上的人都是学生比较熟悉的，然后让学生就他们的人品、长相、才能、性格等谈谈他们自己的看法。

没想到

一、教师须知

（一）语义、功能及注意事项

“没想到”用来表示所发生的情况与先前所意料的或所期待的很不一样或相反。引出的小句，常用表达吃惊或意外的词语与之配合，如“居然、竟然、却、那么、这么”等。主语是第一人称单数时通常省略。

（二）常见形式

形式 例句		主语	(都)	没想到	小句
1	他学习成绩一向很好			没想到	期末考试竟然不及格
2	我以为你不懂中文			没想到	你的中文水平那么高
3	他号称自己是中国通	谁	都	没想到	他连上海在哪儿都不知道
4	这个人看起来不错	大家	都	没想到	他这么坏

二、课堂操作程序

（一）语言点导入：问答式导入

（板书“没想到”）

老师：去中国以前，你了解中国吗?

学生：不了解。

老师：到了中国以后，你有什么特别的印象?

学生：（可能回答）北京很大/经济发展很快/人很友好……

老师：你们可以说……

学生：（老师指着板书带学生齐说）没想到北京那么大。

（二）操练一：根据所给情景，回答问题

1. 你跟你的朋友多年不见了，可是她突然出现在你面前。你会说什么?
2. 小李从来不唱歌,可在今天的晚会上他连续唱了很多首歌。你会说什么?
3. 他很瘦，你以为他吃饭吃得很少。可是他连吃了三碗炒饭。你会说什么?
4. 以前你以为中国菜很容易做。看了书以后，你知道不容易。你会说什么?
5. 你以为你的朋友一定会帮你，可是他竟然没有帮。你会说什么?
6. 你以为这里的房价一定很贵，可实际上只要二十块钱一个晚上。你会说什么?
7. 你只是让他尝一尝咸淡，可他把你做的菜都吃光了。你会怎么说?

（三）操练二：完成句子

1. 听说这里的夏天会比较舒服，____________________。
2. 从地图上看，这两个城市相距不远，_______________。
3. 谁都说新来的李老师很厉害，____________________。

4. 这道菜看起来很好吃，________________________。
5. 谁都告诉我中文的语法很容易，_______________。

（四）开放式活动：谈感想

1. 上大学以前，你一直住在家里。上了大学以后，你觉得一切都很新奇，有不少新发现、新经历。跟你的父母分享一下。（住宿舍的好处、选课的自由、同学间的友谊等）
2. 谈一谈你对中国（或某地）的观感。

免得

一、教师须知

（一）语义、功能及注意事项

“免得”是连词，“表示避免发生某种不希望发生的情况。多用于后一小句的开头，主语往往不说出来”（吕叔湘 1999, 489 页）。

参考文献：吕叔湘（1999）；台湾中央研究院现代汉语平衡语料库

（二）常见形式

例句＼形式		免得	
1	你最好现在就回家	免得	你妈妈担心
2	开车的时候别打手机	免得	发生车祸
3	她想明天一早就走	免得	误了飞机

二、课堂操作程序

（一）语言点导入：问答式导入

（板书“免得”）

老师：夏天做户外运动的时候，应当注意什么？

学生：（可能回答）多喝水／不要中暑……

老师：（指着板书）我们可以说……

学生：夏天做户外运动的时候应当多喝水，免得中暑。

（二）操练一：完成句子

1. 晚上七点电视上有一场足球赛，我得早点做完功课，免得 ______________。
2. 把要买的东西都写下来，免得 ______________________。
3. 不要让你的孩子在街上玩儿，免得 _____________________。

（三）操练二：句子转换

1. 为了避免发生火灾，大家用电的时候都得小心。→
2. 要是不想着凉，就应该多穿点衣服。→
3. 要是不想让妈妈担心，你最好早点回家。→

（四）开放式活动：角色扮演

学生两人一组，扮演下面的角色并讨论以下问题。

1. 弟弟上大学以后，妈妈有些担心。你有什么好的建议？
2. 你朋友常常出门。你有什么好的建议？

明明

一、教师须知

（一）语义、功能及注意事项

"明明"是副词，"表示显然这样。用'明明'的小句前或后常有反问句或表示转折的小句"（吕叔湘 1999, 388 页）。"明明"可用在主语前，也可用在主语后。

"明明"虽有"很明显"的意思，但还表示说话者对某种说法、观点或行为不认同。如果只是单纯的"很明显"的意思，则不能用"明明"。例如：

1. 改革开放以来，中国人的生活水平明显提高了。现在，每一百人当中就有一个人拥有私人汽车。
2. *改革开放以来，中国人的生活水平明明提高了。现在，每一百人当中就有一个人拥有私人汽车。
3. A: 中国虽然改革开放了，但是我觉得中国人的生活水平没怎么提高。
   B: 中国人的生活水平明明提高了，你为什么说没怎么提高呢？现在，每一百人当中，就有一个人拥有私人汽车。

参考文献：吕叔湘（1999）

（二）常见形式

a)

形式 / 例句	反问句	(主语)	明明	(主语)	动词词组
1	他哪里是学生	他	明明		是老师
2	你为什么说他不会中文		明明	他	说得不错嘛
3	谁说他没钱	我	明明		看见他昨天新买了一辆汽车

b)

形式 / 例句	主语/主题	明明	(主语)	动词词组	反问句
1	那件衣服	明明		很一般	为什么你说非常好呢
2	那件事	明明	你	说过	可你为什么又要否认呢
3		明明		是他的错	你为什么非要说是我错了

c)

形式 / 例句	主语/主题	明明	(主语)	动词词组	转折小句
1	他	明明		已经认错了	可他的老板还不满意
2	社会上	明明		有很多问题	可政府却不重视
3		明明	生活	越来越好	他却说不如以前

d)

例句 \ 形式	(主语)	明明	(主语)	动词词组	建议
1	这件事	明明		是你不对	你就跟他道个歉吧
2	他爱的	明明		是你的钱	你可千万别跟他结婚
3		明明	你	看见他偷车了	就去报案吧

二、课堂操作程序

（一）语言点导入：问答式导入

（板书"明明"）

老师：（拿出一张白纸，故意说）这是黑纸。

学生：不对，这是白纸。

老师：这是一张白纸，可是我却说这是一张黑纸。（指着板书）我们可以说……

学生：这明明是一张白纸，可老师却说是一张黑纸。

（二）操练一：回答问题

1．你的朋友手里拿着你的书，却说那是他的书。这时你会对他说什么？
2．你的同屋今天喝了不少酒，却说一点没喝。你会说什么？
3．老师今天布置了很多作业，你的同学却说今天没有作业，你会对他怎么说？
4．有一个人从后面撞了你的车，可是他却说是你撞了他。你会对他说什么？
5．你的同屋知道你在睡觉，可是却在大声唱歌。你会对他说什么？

（三）操练二：完成对话

1．A：我是中国人，我不会英语。
　　B：不对，________________。
2．A：（已经夜里2点了）我觉得现在还早。
　　B：________________。
3．A：我觉得最近三十年，中国的变化不太大。
　　B：________________。
4．A：我认为中国妇女跟以前一样在社会上没有地位。
　　B：________________。

（四）开放式活动：根据情景完成陈述

我越来越不喜欢我的同屋……（例如：你的同屋从来不整理房间并不是因为他不会整理；他用了你的东西，却说没有用；他有时间看电视，却说没有时间做功课；他不想去上课，却告诉老师他病了……）

难道……（吗）？

一、教师须知

（一）语义、功能及注意事项

“难道”是副词，用来“加强反问语气，句末常有‘吗’……”（吕叔湘 1999，407 页）。所谓“反问”，是问话人对自己提出的问题心中已有答案。“难道”可用在主语前或主语后。用否定的形式时表达的是肯定的意思，反之，则表示否定的意思。例如：

1. 难道你不喜欢他吗？（问话人认为“你”应该喜欢“他”）
2. 你难道喜欢他吗？（问话人认为“你”不应该喜欢“他”）

“难道说”跟“难道”的意思和功能相同，但“难道说”应该用在句首。

参考文献：吕叔湘（1999）

（二）常见形式

形式 / 例句	(难道)	主语	(难道)	谓语	吗
1	难道	你		不知道我的名字	吗
2		你	难道	还不懂	吗
3	难道	你		要跟这样的人结婚	吗

二、课堂操作程序

（一）语言点导入：问答式导入

（板书“难道……吗？”）

老师：如果你们想请老师跟你们一起去吃饭，你们会怎么说？

学生：老师，我们想请你跟我们一起去吃饭。

老师：对不起，我不去。（稍作停顿，然后问学生）如果我这么说，你们会怎么想？（指着板书让学生回答）

学生：（可能回答）难道你不喜欢我们吗？/ 难道你没有时间吗？/ ……

（二）操练一：完成对话

1. 老师：我已经十年没有回中国了。

   学生：______________________________

   （提示：不想你的家人/没有钱买机票/不喜欢中国……）

2. 老师：我很少在家吃饭。

   学生：______________________________

   （提示：不喜欢做饭/那么有钱/没有厨房……）

3. 老师：我不知道学校的运动中心在哪儿。

   学生：______________________________

（提示：不喜欢运动/不是我们学校的/没去过……）

4. 老师：明天有考试，可是我的朋友去看电影了。

   学生：____

   （提示：已经准备好了/不怕考不好/觉得考试不重要……）

5. 老师：他很聪明，又很努力，可是这次考试他考得很不好。

   学生：____________________________________

   （提示：考试以前没有复习/考试的时候很不舒服/考试太难……）

6. 老师：商店都在大减价，可是我什么都没买。

   学生：______________________________________

   （提示：没有钱/不喜欢买东西/大减价的东西都不好……）

（三）开放式活动：角色扮演

学生两人一组，分别扮演角色 A 和角色 B。

1. 角色 A：设法让你的朋友跟你一起去运动。

   角色 B：不太愿意，劝 A 跟你一起看电视。

2. 角色 A：建议你的同屋跟你一起去北京学习中文。

   角色 B：劝 A 留在美国跟你一起学习。

S 哪儿 VP（啊）

一、 教师须知

（一）语义、功能及注意事项

"S 哪儿 VP (啊)"是反问句，表示否定，例如"我哪儿知道？"意思是"我不知道"。"S 哪儿 VP (啊)"多用于口语，常常带有不同意对方的看法或意见的语气。

参考文献：吕叔湘（1991）

（二）常见形式

形式 / 例句	主语	哪儿	动词/形容词词组	（啊）
1	我	哪儿	有时间	（啊）
2	我们	哪儿	知道他会不会来	（啊）
3	他	哪儿	忙	（啊）

二、课堂操作程序

（一）语言点导入：问答式导入

（板书"S 哪儿 VP (啊)"）

老师：（预设一个情景。告诉学生明天有考试，学生得准备考试，没有时间。）
　　我们今天晚上去看电影吧，好不好?

学生：（老师指着板书带全班齐说）我们哪有时间啊！

（二）操练一：完成对话

1. A：我们现在去玩吧。
   B：______________。（没有时间）
2. A：听说你有三个女朋友。
   B：______________。（没有女朋友）
3. A：听说你朋友的中文非常好。
   B：______________。（你朋友的中文非常不好）
4. A：北京的夏天好像很舒服。
   B：______________。（北京的夏天很热）
5. A:：听说张三有很多朋友。
   B：______________。（张三很自私，没有朋友）
6. A：听说你买的新房子很大。
   B：______________。（你的新房子只有一个房间）
7. A：听说你买了辆新车。
   B：______________。（你连买衣服的钱都没有）

8. A：听说你跟你的同屋关系很紧张。
   B：______________。（你们是好朋友）
9. A：你的老板听得进别人的意见吗？
   B：______________。（他很自大）
10. A：你听得懂那个学术报告吗？
   B：______________。（你听普通话还有困难）

（三）操练二：根据实际情况回答问题

1. A：听说美国私立大学的学费很便宜，是吗？
   B：______________。
2. A：听说你的同屋是个日本人，是吗？
   B：______________。
3. A：听说你已经结婚了，是吗？
   B：______________。
4. A：听说你唱歌唱得特别好，是吗？
   B：______________。

（四）开放式活动："制造"谣言

学生分组"制造"谣言，互相询问是否是真实的。

（五）开放式活动：请人帮忙

学生两人一组，一人请另一人帮忙，但是提出的请求都是对方做不到的，例如：开车去机场接人，当翻译，做饭等，做完以后两人交换角色继续对话。

难免

一、教师须知

（一）语义、功能及注意事项

"难免"表示"不容易避免"某种不希望出现的结果或情况（吕叔湘 1999，408页）。

（二）常见形式

a) 加"不"或"没"，不表示否定，与不加时意思相同

形式 例句	情况	难免	(不/没)	不希望出现的结果或情况
1	这么冷的天，穿这么少的衣服	难免	（不）	会感冒
2	酒后开车	难免	（不）	会出事故
3	出国旅行	难免	（不）	遇到困难
4	朋友之间相处	难免	（没）	有矛盾

b) "难免"出现在主语前后均可

形式 例句	情况	主语+难免 难免+主语	不希望出现的结果或情况
1	你骂他	他难免	不高兴
2	刚到一个新地方	难免你	不适应
3	跟他打交道	你难免	会吃亏

c) 作谓语时，用"是……的"结构

形式 例句	情况	不希望出现的情况或结果	是难免的
1	失业的人太多	人们抱怨	是难免的
2	常用电脑	眼睛近视	是难免的
3	连日来暴雨不断	房屋漏雨	是难免的

二、课堂操作程序

（一）语言点导入：问答式导入

（板书"难免"）

老师：我刚拿到驾照，开车的时候总是很紧张，怎么办？

学生：（老师指着板书带领全班齐说）刚拿到驾照，开车的时候难免会紧张。

老师：对。刚拿到驾照，什么是难免的？

学生：（老师指着板书带领全班齐说）刚拿到驾照，紧张是难免的。

（二）操练一：句子转换

1. 他两年没回国了，一定很想念亲人和朋友。→
2. 如果你好久没说中文了，大概会说得不太流利。→
3. 每天吃快餐会有营养不平衡的问题。→
4. 不了解外国文化，常常会产生误解。→

（三）操练二：完成句子

1. 在慢车道上开快车的人，________________________。
2. 如果不注意饮食卫生，__________________________。
3. 初来美国的人，如果不会说英文，________________。

（四）操练三：回答问题

1. 第一次上台演讲，无论准备得多好，都会有什么样的感觉?
2. 世界上没有十全十美的人，也没有十全十美的事，你同意这个说法吗?

（五）开放式活动：角色扮演

角色 A：你刚开始学习中文，总是觉得很难，怕学不好。

角色 B：鼓励 A 把中文继续学下去。

难以

一、教师须知

（一）语义、功能及注意事项

“难以”是副词，表示“不容易；不易于”（吕叔湘 1999, 410 页）的意思。通常用于双音节的动词、形容词之前。多用于书面语。

（二）常见形式

a)

形式 / 例句	话题		难以	谓语
1	这么复杂的情况	一两句话	难以	解释清楚
2	如此美丽的自然风光	用语言	难以	描述
3	他一年就精通了四门外语	真令人	难以	置信
4	此时此刻的心情	实在	难以	形容

b)

形式 / 例句	话题		是	难以	动词/形容词	的
1	久别重逢的喜悦	用语言	是	难以	描述	的
2	老师的谆谆教诲		是	难以	忘怀	的
3	癌症到了晚期		是	难以	治愈	的

二、课堂操作程序

（一）语言点导入：问答式导入

（板书“难以”）

老师：当两个人之间的矛盾到了水火不形容的程度，还能调解吗？

学生：（老师指着板书带全班齐说）当两个人之间的矛盾到了水火不形容的程度，就难以调解了。

（二）操练一：句子转换

1. 什么是“爱”很难描述。→
2. 这种病毒在人的肌体里很不容易被发现。→
3. 这个城市的社会治安问题很难解决。→

（三）操练二：完成句子

1．______________________ 难以忘记。
2．______________________ 是难以忘记的。
3．______________________ 是难以说明的。
4．______________________ 短期内是难以实现的。

（四）操练三：回答问题

1．世界各国和平共处的美好愿望在短期内能实现吗?
2．现在病毒、细菌对人类身体健康的危害能得到控制吗?
3．全球暖化的趋势在几年内能扭转吗?

（五）开放式活动：讨论

世界各国和平共处的美好愿望在短期内能否实现?

能

一、教师须知

（一）语义、功能及注意事项

“能”是一个能愿动词，用法非常广泛，有些功能的差别非常细微。本条目只选取以下几条作为重点进行讲解和操练。

1) 表示有能力或有条件做某事（吕叔湘 1999, 414 页）。例如：

他一分钟能在电脑上输入六十个汉字。

现在随时随地都能用手机跟朋友聊天。

2) 表示善于做某事，前面可以加“很”。（同上）例如：

小张很能讲笑话。

他这个人最能开玩笑。

3) 表示有某种用途。（同上）例如：

生姜能治病。

盐水能消毒。

4) 表示情理或环境上许可，多用于疑问或否定。表示肯定用“可以”（415 页）。例如：

问题还没解决，你不能走。

飞机上不能吸烟。

参考文献：刘月华等（2004）；吕叔湘（1999）

（二）常见形式

形式 / 例句	（主题+）主语	（不/很）	能	动词词组
1	小王		能	说日语
2	这个秘密，你		能	不告诉他吗
3	小张	很	能	喝酒
4	我们明天	不	能	不完成这个报告

二、课堂操作程序

（一）语言点导入：问答式导入

（板书“能”）

老师：（老师把事前准备好的道具，如塑料苹果、塑料香蕉等，放在讲桌上，然后跟学生说）我请你吃水果，你吃吧。

学生：我不吃。

老师：为什么呢?

学生：（老师指着板书带学生说）因为不能吃。

（二）操练一：完成句子

1. 我弟弟不到十六岁，所以他不能 ______________________。
2. 今天功课很多，你能 ________________________________。
3. 刀能切菜，笔能 ____________________________________。
4. 我妹妹很能 _______________________________________。
5. 我现在已经工作了，所以 ____________________________。
6. ______________________________________，你不能回家。

（三）操练二：回答问题

1. 你学了两年中文了，所以你能做什么？
2. 我很能唱歌，你呢？
3. 用电脑能做什么？
4. 考试的时候，你不能做什么？
5. 你病了，所以你不能做什么？

（四）开放式活动：角色扮演

学生两人一组，一个扮演爸爸或者妈妈，一个扮演十六岁的孩子，表演爸爸或者妈妈跟孩子之间的一些争执。

宁可/宁愿……也不……

一、教师须知

（一）语义、功能及注意事项

"宁可/宁愿……也不……"是表示选择关系的关联词语。使用"宁可/宁愿……也不"的句子表示说话人经过比较以后，从两种不理想的情形中勉强选定前者（即"宁可"后的成分），舍弃后者（即"也不"后的成分）。一取一舍，表示一种已定的、语气很坚定的选择。句中所说的情形带有一种假设、夸张的意味。

在使用"宁可/宁愿……也不……"时，要注意前后两个分句要有可比性。"也不"后面常带能愿动词。

参考文献：黄伯荣，廖序东 （1991）；刘月华等（2002）；吕叔湘（1999）；张卫国（1992）

（二）常见形式

a)

形式 例句	主语	宁可/宁愿	动词词组	也不	动词词组
1	我	宁可	完不成作业， 被老师批评	也不	抄别人的
2	他们	宁可	到处都乱糟糟的	也不	愿意收拾房间
3	他	宁可	没有工作	也不	想在这个污染环境的工厂工作

b)

形式 例句	宁可	动词词组	主语	也不	分句 2
1	宁可	徒步走	她	也不	想搭那个酒鬼的车
2	宁可	挨饿	我	也不	吃生肉

二、课堂操作程序

（一）语言点导入：问答式导入

（板书"宁可/宁愿……也不……"）

老师：如果你做错了一件事，你告诉父母，他们会怎么样？

学生：他们可能批评我。

老师：如果你不告诉他们呢？

学生：那他们会觉得我欺骗他们，……

老师：两种选择都不是很好，那你怎么做呢？

学生：（老师指着板书带全班齐说）我宁可被他们批评，也不欺骗他们。（或者老师指着板书带全班齐说）我宁可欺骗他们，也不想被他们批评。

老师：你们谁吃素？
某些学生：我吃素。
老师：今天这家饭馆没有素菜。要是不吃，你就得饿着。你们吃一点儿荤菜吧？
某些学生：不吃。
老师：（问其他学生）对他们来说，这两种选择都不是很好。他们要饿着，还是要吃一点儿荤菜？
学生：（老师指着板书带全班齐说）他们宁可饿着，也不吃荤菜。

（二）操练一：句子转换

1. 即使没有钱买吃的东西，也不偷钱。→
2. 即使渴死，开车的时候也不能喝酒。→
3. 即使考试不及格，也不能看别人的答案。→

（三）操练二：完成句子

1. 宁可和男朋友（女朋友）分手，我也不______________。
2. 我宁可____________________________，也不超速驾驶。
3. 这家公司宁可亏本，也不____________________________。

（四）操练三：回答问题

1. 吃药减肥，运动减肥让你选择其一，你选择哪一个？
2. 我宁可吃不健康的食品，也不愿意饿着。你呢？
3. 和无聊的人聊天、写100个汉语生词，让你选择其一，你选择哪一个？

（五）开放式活动：角色扮演

两个朋友还没有结束旅行就没钱了。一个朋友想中断旅行提早回家，可是另外一个朋友坚持要想办法继续。各自都有自己的理由。例如，坚持旅行的朋友会说，“我们好不容易来到这里了，我宁可打零工赚点钱也要继续旅行……”

凭

一、教师须知

（一）语义、功能及注意事项

"凭"有"借助"、"凭借"、"依靠"之意，用来表述句中所表达的意见或看法的依据，或者用来表述做某事的条件和凭据。在结构上，"凭"可用在主语前或主语后，后面一般接名词或名词词组，较少接动词词组或小句，不接指人的名词，比如"父母、老师、孩子"等。名词词组的音节较多时，可加"着"而意思不变。

参考文献：吕叔湘（1999）；北京大学汉语语言学研究中心现代汉语语料库；台湾中央研究院现代汉语平衡语料库

（二）常见形式

形式 / 例句	(主语)	凭(着)	名词词组	(主语)	动词词组
1		凭	常识	我	就知道你说的不对
2	旅客	凭	票		才能进入车站
3		凭着	真本事	他	赚了很多钱
4	医生	凭着	多年的经验		很快就找到了病因

二、课堂操作程序

（一）语言点导入：问答式导入

（板书"凭……"）

老师：找到好工作一个人需要有什么样的条件？

学生：……（高学历、能力强、长相好、有关系……）

老师：我们可以说……

学生：（老师指着板书带全班齐说）一个人凭着高学历能找到好工作。

（二）操练一：句子转换

1. 我的直觉让我知道他喜欢我。→
2. 王老师的经验很丰富。她知道哪个学生的中文水平很高。→
3. 她的感觉很准。她能知道一个人将来会不会成功。→
4. 我对老师住在哪儿还有印象，所以我们找到了老师的住址。→
5. 学生有学生证，所以可以免费参观博物馆。→
6. 虽然他刚大学毕业，可是非常有能力，很快就找到了工作。→

（三）操练二：回答问题

1．你认为凭着什么能找到好工作？（然后老师追问）你凭什么这么说？
2．学生证有什么用处？
3．美国的大学凭着什么吸引到世界各地的学生？
4．医生怎么样能做出正确的诊断？

（四）开放式活动：说服别人

你的公司发明了一种新的机器人，有很多功能，可以协助主人做很多事。今天你要参加一个“新机器人促销会”，你要怎么推销你们的机器人？

参考答案：

我们的机器人非常聪明，他凭……就知道……
今天公司有优惠卡，你可以凭卡……

其实

一、教师须知

（一）语义、功能及注意事项

"其实"是副词，"表示所说的情况是真实的"，可"用在动词前或主语前"。在结构上，"其实" 前面常有对一种情况的描述，后面是动词词组或句子。在语义上，"其实"有时"引出和上文相反的意思，有更正上文的作用，有时则"表示对上文的修正或补充"（吕叔湘 1999, 437 页）。

参考文献：李晓琪（2003）；吕叔湘（1999）

（二）常见形式

例句＼形式	上文	其实	动词词组/句子
1	我们以为今天是他的生日	其实	是明天
2	他说话听起来像是南方人	其实	他是北方人
3	他们说从这儿开车到学校要一个小时	其实	只要四十分钟
4	以前，我以为在美国谁都有汽车	其实	不少住在大城市的人都没有汽车

二、课堂操作程序

（一）语言点导入：问答式导入

（板书"其实"）

老师：（故意问一个三年级的学生）你是二年级的学生吧?

学生：不是，我是三年级的。

老师：（问全班学生）他是二年级的学生，对吧?

学生：（老师指着板书带全班齐答）不对，其实他是三年级的学生。

老师：你们只会说中文，是不是?

学生：（老师指着板书带全班齐答）不是，其实我们也会说英文。

（二）操练一：句子转换

1. 以前，我以为纽约是美国的首都，后来我才知道是华盛顿。→
2. 有的人认为大学老师都很有钱。我知道，大学老师的钱不多。→
3. 他说那个女孩子是他妹妹，后来别人告诉我，那是他女朋友。→
4. 听她说话，我以为她是从英国来的，后来才知道她是从美国东北部来的。→

（三）操练二：完成句子

1. 很多人以为美国英语跟英国英语完全不一样，其实________________。
2. 有的人以为美国人都很有钱，其实________________。

3. 我们以前只知道王老师唱歌唱得很好，其实＿＿＿＿＿＿＿＿＿＿。
4. 六百多年以前，人们认为地球是方的，其实＿＿＿＿＿＿＿＿＿＿。

（四）操练三：回答问题

1. 美国的历史很长，是不是？
2. 现在日文里没有汉字了，是吗？
3. 去中国以前，你以为中国怎么样？去了以后发现有什么跟你想的不一样？
4. 学中文以前，你以为中文怎么样？学了以后发现有什么跟你想的不一样？

（五）开放式活动：讨论

跟你的同学讨论上了大学以后，你发现有什么跟你以前想的不一样？你可以谈住在宿舍的生活、学习、同学和课外活动等。

（为）…… 起见

一、教师须知

（一） 语义、功能及注意事项

介词短语作状语，通常用于主句前面，有停顿，表示为达到某种预期的效果或目的而这样做。“为”后面不可跟名词，但形容词、动词、动词词组均可。以下是一些注意事项：

1) 因受母语影响，英美学生有时会把“为 … 起见”放在句末。例如：

*她出门前又把门窗检查了一遍，为慎重起见。

为慎重起见，她出门前又把门窗检查了一遍。

2) “为”后面的形容词或动词不可加介词短语，时间或地点词。例如：

*为给读者方便起见，图书馆 24 个小时都开门。

为方便读者起见，图书馆 24 个小时都开门。

3) 在使用上，应避免与“为了”混淆。虽然二者后面跟的都是要达到的目的，“为 ……起见”常含有“出于某种考虑，消除某种担心”的意思，例如：

为安全起见，我出发前又把汽车检修了一遍。（怕不安全）

参考文献：刘月华等（2002）；吕叔湘（1999）

（二）常见形式

形式 / 例句	为	形容词/动词	起见	主语	谓语
1	为	安全	起见	妈妈	不让我晚上开车
2	为	健康	起见	他	绝对不吃油炸食品
3	为	保密	起见	每个人	都有个字母代号
4	为	节省开支	起见	我们	从现在起，自己做饭
5	为	避免矛盾	起见	你们	最好少见面

二、 课堂操作程序

（一）语言点导入：问答式导入

（板书：为 ……起见 ）

老师：为什么学校在每个路口都安装了红绿灯？

学生：（可能回答）因为学校要保护学生的安全。

老师：我们也可以说……

学生：（老师指着板书带学生齐说）为保护学生安全起见，学校在每个路口都安装了红绿灯。

老师：为什么报纸上重要的文章标题都用大号字？

学生：（可能回答）这样大家很远就能看到/这样比较醒目……
老师：我们也可以说……
学生：（老师指着板书带学生齐说）为醒目起见，报纸上重要的文章标题都用大号字。

（二）操练一：完成句子

1. 为安全起见，他________________________________。
2. 为方便顾客起见，很多超市都________________________。
3. 为提高工作效率起见，老板决定______________________。
4. 为节约能源起见，每个房间都________________________。

（三）操练二：回答问题

1. A：每个路口都要装红绿灯吗？
   B：……（提示：避免交通事故）
2. A：我没时间跟他见面了。不等他，他会不会生气？
   B：……（提示：避免误会）
3. A：下雪的时候，门外的台阶上要不要洒些盐/沙子？
   B：……（提示：安全）

（四）开放式活动：安排一次新年晚会

分小组讨论，想想我们应该做些什么准备，让大家度过一个愉快的新年晚会。例如：为方便起见，我们应该……；为安全起见，我们应该 ……；为健康起见，我们应该 ……

（动词）+ 起来

一、教师须知

（一）语义、功能及注意事项

“动词+起来”中的“起来”是趋向补语，有若干义项。本条目所讨论的是“听、摸、穿”等可产生感官反应的动词与“起来”搭配使用时的义项。这时，“动词＋起来”是根据动词所带来的感官反应对某人、某事或某物进行评论。

在结构上，“动词+起来”的后面不能是名词词组，如：* 她看起来中国人。此外，“动词＋起来”后面的评论应避免使用与动词相同的字眼，否则会造出不太自然的句子，如：“这家饭馆的菜吃起来很好吃。”中的“好吃”若改为“不错”就会比较自然。

参考文献：北京大学汉语语言学研究中心现代汉语语料库；华语大集病句语料库（初级）

（二）常见形式

a)

形式 例句	主题	V起来	形容词词组/动词词组
1	这些花	闻起来	很香
2	这种布	摸起来	特别舒服
3	他	看起来	（好像）还不到三十岁

b)

形式 例句	主题	V起来	（好）像+名词词组（+一样/似的）
1	她说中文	听起来	（好）像中国人一样
2	这种啤酒	喝起来	（好）像水（一样）
3	这种豆制品	吃起来	（好）像牛肉似的

二、课堂操作程序

（一）语言点导入：问答式导入

（板书“动词+起来”）

老师：（拿一个苹果）你们看，这个苹果好吃吗?

学生：（可能回答）很好吃/不好吃。

老师：也可以说……

学生：（老师指着板书带全班齐说）这个苹果看起来很好吃/不好吃。

老师：我觉得淡啤酒不好喝。

学生：为什么？

老师：因为没有味道。喝淡啤酒跟喝水差不多。我为什么不喜欢喝淡啤酒？

学生：（老师指着板书带全班齐说）因为你觉得淡啤酒喝起来像水一样。

（二）操练一：句子转换

1. 汉字很漂亮，可是写汉字不容易。→
2. 你做的菜真好闻，我想我能吃好几盘。→
3. 这件衣服的布料很舒服。→
4. 白酒的味道怎么样？→

（三）操练二：完成句子

1. 中文有四声，所以说中文听起来像________。（唱歌）
2. “眼睛”和“眼镜”________，所以我常常说错，也常常听错。
3. 学校餐厅的菜看起来________，闻________，吃起来________。
4. （展示一张年轻女孩的图片）她已经四十岁了，可是_______。（很年轻/好像只有30岁）
5. 这把椅子看起来________，坐起来________。
6. 这件衣服看起来________，穿起来________。

（四）操练三：回答问题

1. （展示一些“名人模仿秀”的照片）他像谁？
2. （播放一段录音或展示某物或图片，如：抽象画、臭豆腐、西红柿等）看/听/摸/闻……起来怎么样？
3. （展示一件衣服的图片）这件衣服你想不想买？（看起来有点儿大/穿起来可能不合适）
4. 明天不上课，我们去野餐吧！这个主意怎么样？（听起来）

（五）开放式活动：猜谜

教师将学生分组竞赛，每组轮流推派一个人到前方看教师准备的字卡或图卡，用“动词+起来”的句型描述东西的特性，由其他学生猜出该物品或人物。例如：

1. 这个东西吃/闻/看/摸/穿起来……
2. 这个人看起来……，他的声音听起来……

（在）…… 情况下

一、教师须知

（一）语义、功能及注意事项

"在……情况下"的短语表示影响事物发生的条件。"情况"前的修饰语可以是形容词、短语或小句。若上文已有表明条件的句子，为避免重复，多用"这种、那种、这样的、那样的"作修饰语。

参考文献：吕叔湘（1999）；北京大学汉语语言学研究中心现代汉语语料库；台湾中央研究院现代汉语平衡语料库

（二）常见形式

a)

形式 / 例句	在	短语、小句或形容词	情况下	短语/小句
1	在	一般	情况下	不需要打紧急救助电话
2	在	护照没有办好的	情况下	我们只好推迟了出国日期

b)

形式 / 例句	小句	在+这种/那种/这样的/那样的+情况下	短语/小句
1	他的成绩一落千丈	在这样的情况下	他决定参加补习班
2	生产成本逐年提高	在这种情况下	企业的利润越来越低了

二、课堂操作程序

（一）语言点导入：问答式导入

（板书"在……情况下"）

老师：你要去一个离学校较远的地方，天气不好，没有长途车，你怎么办?

学生：（可能回答）坐出租车去/骑自行车去/请朋友开车送我……

老师：也可以说……

学生：（老师指着板书带学生齐说）在天气不好，没有长途车的情况下，我只好坐出租车去/骑自行车去/请朋友开车送我……

（二）操练一：句子转换

1. 没有护照，我们不能出国。→
2. 小王现在的钱不多，他只好租比较便宜的房子。→
3. 他从来不说谎，但是有的时候为了不让父母失望，他也会说谎话。→
4. 失业率上升的时候，政府会采取减税方案。→

（三）操练二：完成句子

1. 在天气恶劣的情况下，我______________________________。
2. 在找不到工作的情况下，他______________________________。
3. 在一般情况下，孩子/年轻人/老年人都（不）喜欢__________。
4. 我请朋友到餐厅吃饭，有时候忘了带钱，在这种情况下，__________。

（四）操练三：回答问题

1. 在什么情况下应该打报警电话？（紧急/危险）
2. 你什么时候会发脾气？（非常生气/任何情况下都不会）
3. 你没有工作，又得付学费跟房租，怎么办？
4. 中国的经济快速发展，人民的生活水平有什么变化？
5. 政府在什么情况下会限制人民的自由？

（五）开放式活动：人在异乡

你到中国的边远地区旅行，可能会遇到哪些困难或问题？在那样的情况下，你会怎么做？

参考答案：

在没有人懂英文的情况下，……
在听不懂当地语言的情况下，……
商店不收美金或信用卡，在这种情况下，……
在紧急情况下，……
在……的情况下，……

任何……都……

一、教师须知

（一）语义、功能及注意事项

"任何……都……"用来表示无一例外。"任何"在修饰某些专有名词比如"麦当劳"这类企业名词时，名词前可加"一+量词"，例如：这里的任何一家麦当劳都有冷气。

参考文献：吕叔湘（1996）

（二）常见形式

a)

例句 \ 形式	任何	名词/名词词组	都	动词词组
1	任何	人	都	不能缺席明天的活动
2	任何	事物	都	有两个方面
3	任何	困难	都	难不倒他

b)"任何 + 名词词组"作主题

例句 \ 形式	任何	名词/名词词组	主语	都	动词词组
1	任何	一种语言	我	都	想学
2	任何	机会	你	都	不要放过
3	任何	时间	你	都	可以来找我

二、课堂操作程序

（一）语言点导入：问答式导入

（板书"任何……都……"）

老师：（问数名学生）你认识王老师吗？你呢？你呢？你们每个人都认识王老师。所以我们可以说……

学生：（老师指着板书带学生齐说）我们班里任何学生都认识王老师。

老师：那我们学校每一个学生都认识我们的校长吗？

学生：对，任何一个学生都认识我们的校长。

（二）操练一：句子替换

1. 我以为每一家图书馆都有这本书。→
2. 这本字典里的每一个字，他都认识。→
3. 通过海关的时候，每个人都得接受检查。→

（三）操练二：完成句子

1. 既然你对海鲜过敏，任何一种______________。（你最好都别吃）
2. 在任何一家银行贷款都__________________。（得付利息）
3. 任何人都______________。(有言论自由)

（四）操练三：回答问题

1. 在美国，有收入的人都得交税，是吗?
2. 在因特网上，找得到什么样的信息?
3. 世界各地的麦当劳，招牌都一样吗?

（五）开放式活动：角色扮演

（让学生扮演老师）开学的第一天，老师会向学生提出什么要求?

参考答案：

任何学生都要按时完成作业。

任何人都不能无故缺勤。

……

仍然

一、教师须知

（一）语义、功能及注意事项

“仍然”是副词，常和“可是、但是、却”连用，多用于书面语，修饰动词性词组或形容词性词组，“表示某种情况持续不变”（吕叔湘 1996, 409 页）。

另外，“仍然”也可以用来表示“恢复原状（410 页），例如：她出国留学五年，回国后，仍然回到原单位工作。

“仍然”与“仍”意义相同。“还”、“还是”的意义和用法与“仍然”相近，但是多用于口语。

参考文献：侯学超（1998）；吕叔湘（1996）；杨庆蕙（1996）

（二）常见形式

形式 例句	上文	可是/ 但是	……仍然	持续不变的情况
1	深秋了	可是	这里仍然	很热
2	他二十岁了	可是	仍然	不会开车
3	虽然年过半百	可是	他仍然	精力充沛
4	中文虽然很难	但是	我仍然	非常喜欢学
5			他们一家仍然	住在旧房子里
6	下课以后		他仍然	在教室里学习

二、 课堂操作程序

（一）语言点导入：问答式导入

（板书“仍然”）

老师：明天有考试，可是现在你已经很累了，还学习吗？（点头示意）

学生：还学习。

老师：那你们可以怎么说？

学生：（老师指着板书带学生齐说）虽然我已经很累了，可是我仍然要学习。

（二）操练一：句子转换

1. 他去年在北京学中文，今年他还在北京学中文。→
2. 我的弟弟越来越调皮，可是我还是很爱他。→
3. 出国学习一年以后，她又回到原来的学校学习了。→
4. 他移民到国外很多年，可是还是吃不惯外国的饭菜。→

（三）操练二：完成句子

1. 教书虽然赚钱不多，可是她____________________。

2. 毕业以后,他找工作找了快一年了,可是______________。
3. 虽然他已经退休了，可是________________________。

（四）操练三：回答问题

1. 学中文学了一年了，以后你还要学中文吗?
2. 美国人还记得华盛顿总统吗?
3. 中文非常难，你还喜欢学吗?
4. 你离开父母去上大学了，你还依靠父母生活吗?
5. 改革开放就是要完全放弃中国的传统吗?

（五）开放式活动：描述你的家乡

你的家乡现在和 15 年以前相比有什么变化？什么地方仍然跟 15 年以前一样?

甚至

一、教师须知

（一）语义、功能及注意事项

“甚至”用于“强调突出的事例。后面常用‘都、也’配合，有时可以放在主语前”（吕叔湘 2001, 486 页）。“甚至”常和“连……都/也……”一起用；有时可以放在有递进关系的一组词或短语的最后一项之前，强调最后一项。此外，“甚至”也可放在第二个小句前，与含有“不但”的第一个小句搭配使用。

参考文献：吕叔湘（2001）

（二）常见形式

a)

形式 / 例句	评论	甚至	小句/动词词组
1	纽约曼哈顿的房子很贵	甚至	年收入十万的人也买不起
2	这个词的用法很复杂	甚至	连高年级的同学也常常用错
3	这件事我谁都没有说	甚至	没告诉我最好的朋友

b)

形式 / 例句	主语 (+其他成分)	A	B	甚至	C	（动词词组）
1	他把	平常	周末	甚至	假期的时间	都用在工作上了
2	他们家的	客厅	卧室	甚至	洗手间	都装饰得很豪华
3	这位教授在	学校	市里	甚至	全国	都很知名
4	我太累了，现在	不想吃饭	不想洗澡	甚至	不想动	

c)

形式 / 例句	主语/话题	不但	动词词组 1	甚至	动词词组 2
1	他今年暑假每天	不但	要忙自己的工作	甚至	还得帮别人工作
3	做这个投资项目	不但	不会盈利	甚至	可能亏很多钱
4	现在有些年轻人	不但	不赡养父母	甚至	还要花父母的钱

二、课堂操作程序

（一）语言点导入：问答式导入

（板书“……，甚至……”）

老师：（给学生看一张生了病的人的照片）他生病了。他能不能上课?

学生：不能上课。

老师：病得很严重的时候呢？

学生：没有办法起床/吃饭/喝水。

老师：可以说，（指着板书）他病得很严重，甚至……

学生：（老师指着板书带学生齐说）他病得很严重，甚至没有办法吃饭。

老师：还可以把"连……都……"句型加进去，怎么说？

学生：（老师指着板书带学生齐说）他病得很严重，甚至连饭都没有办法吃。

老师：如果他不能起床，也不能吃饭，连水都不能喝，可以怎么说？

学生：（老师指着板书带学生齐说）他病得很严重，不能起床，不能吃饭，甚至不能喝水。

老师：也可以加上"不但"，怎么说？

学生：（老师指着板书带学生齐说）他病得很严重，不但不能起床，不能吃饭，甚至不能喝水。

（二）操练一：完成句子

1. 我现在饿极了，甚至__________________________。
2. 中国的一些偏远地区交通非常不便，甚至_________________。
   （提示：没有公路/连汽车也不通。）
3. 非洲的一些国家老百姓的生活条件非常差，甚至________________。
   （提示：连干净的饮用水都没有。）
4. 小王是个球迷，什么时候都要看球赛，_______，_______，甚至______都要看球赛。（提示：周末，平日，考试的时候）
5. 小李太懒了，不但_________，甚至________________。
   （提示：不洗衣服，不洗澡。）

（三）操练二：句子转换

1. 这个问题太难，老师也不知道答案。→
2. 汽车里热得要命，即使把空调打开了也还是觉得热。→
3. 小李粗心大意，考试的时候竟然忘了写自己的名字。→
4. 商场打折的时候，顾客常常能以原价 70%、50%、甚至 20%的价格买到他们想要的东西。→
5. 随着中国人民生活水平逐渐提高，手机越来越普及。大城市、小城镇，甚至农村的居民都用上了手机。→
6. 麦当劳在中国随处可见，在北京上海这样的大城市看得到，在很多小地方也都能找到麦当劳 。→

（四）开放式活动：梦想

两个理想主义者在讨论心中的梦想，例如：理想的对象、居住环境、工作等），越夸张越好。

省得

一、教师须知

（一）语义、功能及注意事项

"省得"表示"避免发生某种不希望的情况。多用于后一小句开头，主语往往不说出来"（吕叔湘 1999, 489 页）。"省"的原意为节省，重在节省可能浪费的时间、金钱、精力、资源等，而非避免重大的或不可抗力的事情发生，而"免得"没有此限制，因此，"省得"和"免得"在语义和用法上虽然类同，但是以下的情况只能用"免得"，不能用"省得"：

1. 我们不要酒后开车，免得发生车祸。
2. 你多穿点衣服，免得生病。

参考文献：吕叔湘（1999）

（二）常见形式

形式 例句	第一分句	省得	第二分句/动词词组/形容词
1	去找老师之前，最好先给老师打个电话	省得	（你）白跑一趟
2	你最好把要买的东西写下来	省得	忘了
3	你们订婚、结婚一并办吧	省得	麻烦

二、 课堂操作程序

（一）语言点导入：问答式导入

（板书"省得"）

老师：我的记性不好，常常会把要做的事忘了，你说我应该怎么做，才不会忘?

学生：你应该把要做的事记下来。

老师：（指着板书）可以说……

学生：你应该把要做的事记下来，省得忘了。

（二）操练一： 句子转换

1. 越来越多的人不想花时间出门去买东西，就在网上购物。→
2. 许多学生觉得跟父母要钱很麻烦，就利用暑假打工来赚自己的生活费。→
3. 他出门总是自己带一瓶水，这样就不必花钱买饮料。→
4. 东西用完以后得放回原位，这样才不会每次要用的时候还得再找一遍。→

（三）操练二：完成句子

1. 买东西的时候，最好看清楚质量等，省得__________。（提示：回去退）
2. 都市人经常去外面吃饭，省得__________。（提示：自己做饭）

3. 我要买直飞的机票，省得__________。（提示：转机）
4. 把你的名字写在书上，省得___________。（提示：被别人拿错）

（四）操练三：回答问题

1. 为什么周末去有名的餐馆吃饭要先订位?
2. 为什么去找朋友以前要先给他/她打电话?
3. 为什么开车出远门以前，要先加满油?

（五）开放式活动：角色扮演

学生二人一组，扮演两个游客，一个刚到一个小镇，另一个已经在当地待了一个月，正要离开。前者已经有自己的节约计划，但是后者还想提供自己的经验，帮助前者。

是……的(1)

一、教师须知

（一）语义、功能及注意事项

本条目例释的"是……的"结构说明主语的类别、性质、所属、职业或身份等。"的"前的定语可以是名词词组、动词词组、形容词词组或主谓结构。"的"后面的成分在语义上应该有与主语相同的一个部分，但是省略了，例如：

这本书是我的（书）。

她是教中文的（人）。

参考文献：李德金，程美珍（1988）

（二）常见形式

形式 / 例句	主语	是	定语	的
1	我的车	是	英国	的
2	这件衣服	是	丝做	的
3	这些书	是	她	的
4	这本书	是	她写	的
5	她	是	卖报	的
6	她	是	学中文	的

二、课堂操作程序

（一）语言点导入：问答式导入

（板书"是……的"）

老师：（举起自己的书）这是谁的书?

学生：这是老师的书。

老师：（指着板书）也可以说……

学生：（老师指着板书带学生齐说）这本书是老师的。

老师：我做什么工作?

学生：你教中文。

老师：（指着板书）也可以说……

学生：（老师指着板书带学生齐说）你是教中文的。

（二）操练一：句子转换

1. 我买了一条红裙子。→
2. 我有一辆美国车，我弟弟有一辆德国车。→
3. 这不是今天的报纸，是昨天的报纸。→

4. 她不教中文，她教法文。→

（三）操练二：回答问题

1. 你们的中文书是不是你们的老师写的?
2. 我是做什么工作的?
3. 姚明是不是教中文的?

（四）开放式活动：描述熟悉的人

学生二人一组，从不同的方面谈谈自己的家人、朋友、同学等。如:

1. 我爸爸的车是英国的，是红色的。
2. 我有一个朋友，他是学历史的。

是……的(2)

一、教师须知

（一）语义、功能及注意事项

本条目例释的“是……的”结构用来表示“动作已在过去发生或完成，并且这一事实已成为交际双方的已知信息。使用‘是……的’句时，说话人的表达重点并不是动作本身，而是与动作有关的某一方面，如时间、处所、方式、施事、受事等”（刘月华等 2004, 762-63 页）。

如果“是……的”中间的动词带宾语，这个宾语可以紧跟着动词，放在“的”前，也可以放在“的”后。口语中以放在“的”后更为常见。如果宾语是人称代词，则常常放在“的”前。例如：

1. 我是昨天看见他的。
2. 我是在大学书店看见他的。
3. 今天的晚饭是我爸做的。

“是……的”句的否定形式是在“是”前加“不”，构成“不是……的”。例如：

4. A: 他是跟小李去的上海吧？
   B: 他不是跟小李去的，是跟他女朋友去的。

“是……的”句中的“是”经常可以省略。例如：

5. 昨天晚上你几点睡的觉？

当主语是“这”、“那”时，“是”一般不省。例如：

6. 这是从她家拿来的，不是从我家拿来的。

参考文献：刘月华等（2004）；吕叔湘（2003）

（二）常见形式

形式 例句	主语	是	时间/地点/方式	动词+的+（宾语）/ 动词+（宾语）+的
1	我	是	前天	把书给他的
2	小王	是	在法国	结的婚
3	我们	是	坐飞机	去的法国
4	你们	是	跟谁	去的

二、课堂操作程序

（一）语言点导入：问答式导入

（板书 “**S 是 + time/place/manner + V + O + 的**”）

老师：你昨天晚上做什么了？

学生：（学生说出自己的情况）我昨天晚上……了。

老师：（根据学生的回答用“是……的”句型提问，说句子时把重音放在“什么时候”、“跟谁”、“在哪儿”等，让学生回答）你是什么时候……的？/你是在哪儿……的？/你是跟谁……的？/你是怎么……的？

（二）操练一：根据划线部分提问

1. 我今天早上给我妈妈打电话了。（提示：你是什么时候给你妈妈打的电话？）
2. 林小姐在飞机上认识了她的男朋友。
3. 我爸爸跟他的同事去西安了。
4. 张艺谋拍了电影“活着”。

（三）操练二：完成对话

A: 你有中文名字吗？
B: 有。我有中文名字。
A: 你的中文名字是谁给你起的？
B: ______________________。
A: 他/她是什么时候给你起的中文名字？
B: ______________________。
A: 你会写你的中文名字吗？
B: 会。我会写。
A: 你是跟谁学的？
B: ______________________。
A:你是怎么认识他/她的？
B:______________________。
A:你是在哪儿认识他/她的？
B: ______________________。

（四）开放式活动：角色扮演

1. 失物招领

A 把书包丢了。恰好 B 捡到了，B 为了证实捡到的书包是 A 的，B 得问 A 一些问题。问题包括：书包什么样，是用什么做的，A 是什么时候丢的书包，是在哪儿丢的，是怎么丢的等。最后，B 把书包还给了 A。

2. 警察与嫌疑犯

有一个人把汽车丢了，经过调查，警察怀疑汽车是某人偷的。现在警察在审问此人。警察要问他/她的问题包括：你昨天晚上做什么了，是什么时候做的，是在哪儿做的，是跟谁做的等。审讯后，警察发现嫌疑犯的供词和证人的证词不一致。

顺便

一、教师须知

（一）语义、功能及注意事项

"顺便"表示在做某一件事的同时又很方便地做另一件事，不是特意去做，不需做额外的努力。"顺便"置于动词之前，若句中同时有能愿动词及主要动词，应放在能愿动词 "能、要、可以"等之后，主要动词之前。因"顺便"表示某事不是特意去做的，其所引导的动词词组常含有儿化（例如：顺便玩玩儿）、动词重叠（例如：顺便旅行旅行） 等结构，以表示一种轻缓的语气。

含有"顺便"的句子的语义陈述常由两部分组成，先陈述主要的事情，然后陈述也可以同时做的事情，第二件事情由"顺便"来引出。

参考文献：王还（1999）

（二）常见形式

形式 / 例句	短语/句子（主要的事情）	带"顺便"的句子		
		其他成分	顺便	动词词组
1	你去邮局的时候	能不能	顺便	帮我寄封信
2	经过超级市场的时候	我要	顺便	买点儿吃的
3	今年夏天我要去中国学中文	也	顺便	去看个朋友

二、 课堂操作程序

（一）语言点导入：问答式导入

老师：你去中国主要是学中文，可是还可以做点儿什么？
学生：旅游/玩玩儿/参观参观风景名胜。
老师：所以你们去中国做什么？
老师：（指黑板上的语言点，带出来）我去中国学中文，还可以顺便去旅游旅游。
老师：你要去图书馆借书，你的同学让你帮他还书。你去图书馆做什么？
老师：（指黑板上的语言点，带出来）我去图书馆借书，顺便帮我的同学还书。

（二）操练一：句子转换

1. 你去台湾旅游，也买了些礼物，看了看朋友，尝了尝小吃。→
2. 你去邮局寄信，也买了一些明信片。→
3. 你去电器店买电脑，正好看到了打印机，也看了看多少钱。→
4. 你回家的时候经过一个商店，你进去买了一些吃的东西。→
5. 你去中文老师那儿问一写汉字的问题，也问了问老师怎么练习发音。→

（三）操练二：回答问题

1. 要是你去中国学中文， 可以顺便做些什么？
2. 要是你去纽约旅行，你有一个朋友住在那儿，你可以顺便做些什么？
3. 你的中文老师住在北京，你去北京旅行的时候，可以顺便做些什么？
4. 你要去法国旅行，还可以顺便去那些地方玩儿？

（四）操练三：小情境问答

1. 你的朋友去图书馆还书，你想请他帮你还一本书，你应该怎么说？
2. 你的朋友去邮局寄信，你想请他帮你寄一封信，你应该怎么说？
3. 你的朋友去超级市场买东西，你想请他帮你买几瓶水，你应该怎么说？
4. 超级市场在你办公室的旁边，所以回家的时候你常常做什么？
5. 你打算去中国学中文，也想看看那里的风景名胜。你怎么描述你去中国的计划？

（五）开放式活动：请别人帮忙

学生二人一组，先问问对方下了课以后、晚上、周末要去哪儿、做什么，然后请对方顺便帮自己一个小忙。

随着

一、教师须知

（一）语义、功能及注意事项

指某情况伴随着另一情况发生，或某情况的变化以另一情况的发生为前提。在“随着”短语所说明的情况发生后，接着会出现另一种情况，或者是前一种情况影响、改变了后一种情况。

在结构上，“随着”可放在句首，后面可接短语或小句。短语常为带动词意义的名词性短语，即动词需要名词化，且动词常具有变化的语义，如“增长、提高、出现、发展”等。小句则常常出现“越来越+形容词”这样的结构。“随着”也可放在句中，后面常有“而”与之配合（见常见形式 c）。“随着”也可用作副词，用在作为结果的第二种变化当中，常置于动词之前（见常见形式 d）。

在语义上，“随着” 强调一种变化伴随另一种变化或由另一种变化引起。含有“随着”的句型不适合表达不具有变化的语义。作为结果的第二种变化常是句子意义的重点。此外，“随着”常叙述一种普遍状况，而非个别情况。例如以下第 1 句比第 2 句、第 3 句比第 4 句更适合于用“随着”句法。

1. *随着生活水平的提高，小王买了一辆车。
2. 随着生活水平的提高，很多人都买了车。
3. *随着天气越来越热，王先生昨天去游泳了。
4. 随着天气越来越热，去游泳的人越来越多了。

参考文献：黄政澄（1998）；王还（1999）

（二）常见形式

a)

形式 / 例句	随着	带动词意义的名词性短语	主句
1	随着	经济的发展	老百姓的生活水平也渐渐提高了
2	随着	科技的进步	通讯的方式也越来越多样化

b)

形式 / 例句	随着	小句(作为前提条件的第一个变化)	句子(伴随第一个变化而出现的、由第一个变化而引起的另外一个变化)
1	随着	天气越来越热	游泳的人也越来越多了
2	随着	国际机票越来越便宜	出国旅行的人也越来越多了

c)

形式 / 例句	主语	随着	带动词意义的名词性短语	而	动词词组
1	这个地区的经济	随着	铁路的修建	而	发展起来了
2	人们的思想	随着	社会的变化	而	变化

d)

形式 / 例句	第一个句子(作为前提条件的第一个变化)	第二个句子的主语＋也	随着	动词词组(前提引出的另一变化)
1	经济发展了	人民的生活也	随着	改善了
2	天气越来越热了	去游泳的人也	随着	多起来了
3	铁路建起来了	该市的经济也	随着	繁荣起来了

二、 课堂操作程序

（一） 语言点导入：问答式导入

（板书“随着”）

老师：经济发展了，人民的生活会怎么样？

学生：会好一些。

老师：经济发展得更好呢？

学生：会更好。

老师：经济发展得再好一些呢？

学生：会再好一些。

老师：（指着板书示范） 我们可以说，随着经济的发展，人民的生活会越来越好。

老师：经济发展了，人民的生活会怎么样？（让全班齐答）

学生：（老师指着板书带学生齐答）随着经济的发展，人民的生活会越来越好。

（二）操练一：完成句子

1. 随着电脑的出现， 有了什么样的新情况？
2. 随着飞机票越来越贵，旅行的人数会怎么样？
3. 随着纽约的人口越来越多，纽约的房价怎么样了？

（三）操练二：句子转换

1．这个地区的交通发达了，经济也越来越好了。→
2．经济发展了，老百姓的生活水平也提高了。→
3．汽车越来越多了，塞车问题也越来越严重了。→
4．时代变化了， 人们的思想也改变了。→

（四）操练三：开放式问答 （漫谈中国）

1. 为什么去中国学中文的人越来越多了？

   （可提示：中国经济对全球经济的影响越来越大了）
2. 为什么在中国出门旅行的人越来越多了？

   （可提示老百姓手头的钱越来越多了）
3. 北京塞车的情况为什么越来越严重了？

   （可提示汽车越来越多了）

（老师可以根据当地当时的情况编写类似的问题。）

（五）开放式活动：辩论

学生分组，辩论中国的改革开放应该不应该继续进行下去。

（因为）……，所以……

一、教师须知

（一）语义、功能及注意事项

“所以”是连词，“在因果关系的语句中，表示结果或结论。用在后一小句的开头。前一小句常用‘因为、由于’呼应”（吕叔湘 2003, 521 页）。

参考文献：刘月华等（2001）；吕叔湘（2003）

（二）常见形式

形式 / 例句	(因为)	分句一	所以	分句二
1	因为	他生病了	所以	没来上课
2	因为	天气特别好	所以	我们去公园玩了
3	因为	他常常运动	所以	身体非常健康

二、课堂操作程序

（一）语言点导入：问答式导入

（板书“（因为）……所以……”）

老师：你为什么学中文?

学生 A：我想去中国工作。

老师：他为什么学中文?

学生：（老师指着板书带其他学生齐说）他想去中国工作，所以他学中文。

老师：你为什么学中文?

学生 B：我想去中国旅行。

老师：他为什么学中文?

学生：（老师指着板书带其他学生齐说）他想去中国旅行，所以他学中文。

（二）操练一：回答问题

1. 老师：你看上去很累，怎么了?

   学生：________________________。

2. 老师：你昨天怎么没来上课?

   学生：________________________。

3. 老师：你这个周末怎么不去打球了?

   学生：________________________。

（三）操练二：完成句子

1. 今天没有课，所以______________________________。

2．明天是我妈妈的生日，所以______________________。
3．今天大风降温，所以____________________________。
4．他昨天晚上喝了很多酒，所以____________________。
5．因为他有很多中国朋友，所以____________________。

（四）开放式活动：编对话

根据学过的课文，二人一组编对话，注意使用所学过的关联词，如“为什么，因为，所以，可是，怎么样”。教师可从旁适当提供相关名词、动词，引导学生将对话进行下去。

例如：请朋友吃饭（提示：请、中国饭、美国饭、喜欢等）

A：晚上我请你吃饭，怎么样？

B：为什么？

A：因为你昨天请我吃饭，所以今天我想请你吃饭。

B：谢谢，可是我今天晚上要学中文。

A：哦，明天晚上怎么样？

B：好。我们吃中国饭怎么样？

A：为什么？

B：因为我不喜欢吃美国饭，所以我想吃中国饭。

A：可是我不喜欢吃中国饭。

B：……

之所以……是因为……

一、教师须知

（一）语义、功能及注意事项

“之所以……是因爲……”表达因果关系，“果”在前，“因”在后，突出原因或理由，多用于书面语。

在这个因果关系中的 “果”在上文中应该已经出现过。例如，在回答 “纽约的交通怎么样?”这个问题时，可以回答 “纽约人多车多，所以交通很乱。” 但是不能回答“纽约的交通之所以很乱，是因为人多车多”。

参考文献：侯学超（1998）

（二）常见形式

形式 例句	主语/主题	之所以	表“果”的成分	是因为	表“因”的成分
1	这部电影	之所以	受欢迎	是因为	它非常感人
2	他	之所以	常常有机会去外国	是因为	工作需要
3	这家饭馆	之所以	很受欢迎	是因为	菜色丰富、地道

二、课堂操作程序

（一）语言点导入：问答式导入

（板书 “之所以……是因为……”）

老师：（问一名学生） 你觉得学中文难不难？为什么？

学生：学中文很难，因为中文跟英文很不一样。

老师： 他觉得学中文为什么很难？

学生： （老师指着板书带全班齐答） 他觉得学中文之所以很难，是因为中文跟英文很不一样。

（二）操练一：回答问题

1. 你为什么学中文?
2. 你为什么学简体字/繁体字?
3. 你为什么常常练习写汉字?
4. 我们为什么应该常常运动?
5. 中国政府为什么在 20 世纪 70 年代末开始实行独生子女政策?
6. 西方国家为什么常常批评中国的独生子女政策?

（三）操练二：回答问题（学生回答第一个问题后，老师再问“为什么？”）

1. 你认为普通话的发音难不难？为什么？

2. 一般来说，大城市的空气怎么样？为什么？
3. 一般来说，农村的空气怎么样？为什么？
4. 你认为现任的美国总统是不是一个好总统？为什么？

（四）开放式活动：讨论

现在大家所关心的社会问题有哪些？为什么存在这些问题？这些问题为什么受到了大家的关注？有没有可能很快得到解决，为什么？

万万

一、教师须知

（一）语义、功能及注意事项

“万万”是副词，表示“绝对；无论如何。只用于否定句中，表示极强烈的否定或禁止的语气，常与‘没、不、不可、不能’等词语配合使用”（吕叔湘 1999, 546 页）。“万万”与“没”搭配使用时，常用的动词只有“想到、料到”等少数几个。

“万万”和“千万”意思相近，但是“千万”也可用于肯定句中；此外，“千万”用在否定句中时，语气没有“万万”那么强烈。

参考文献：黄政澄（2004）；吕淑湘（1999）；王还（1999）

（二）常见形式

形式 / 例句	主语	万万	不能/不可/没想到/没料到	动词词组/从句
1	你	万万	不能	知法犯法
2		万万	不可	酒后开车
3	我	万万	没想到	他大学一毕业就结婚了
4	他们	万万	没料到	学校会因为这件事开除他们

二、课堂操作程序

（一）语言点导入：问答式导入

（板书“万万”）

老师：喝了很多酒以后，可以开车吗?

学生：不可以。

老师：为什么?

学生：因为太危险/容易出车祸/会被警察抓……

老师：对，所以喝了很多酒以后，（指着板书）……

学生：喝了很多酒以后万万不可以开车。

（二）操练一：完成句子

1. ________________，万万不能开车。
2. ________________，你万万不能迟到。
3. 昨天气象预报说今天天气会很晴朗，可是万万没想到今天____________。
   （提示：又刮风又下雨/下起大雪来了……）
4. 那个公司刚刚成立了两个月，万万没料到__________________________。
   （提示：已经快破产倒闭了）

（三）操练二：按情景回答问题

1. 你的朋友正要打他的孩子，你看见了，怎么制止他?
2. 你的朋友想抽烟，可是你们正在加油站加油，你会怎么说?
3. 你的好朋友结婚不到一个月就离婚了，你会怎么想?
4. 你最好的朋友骗了你，你会怎么说?
5. 有一个人要跳楼，你怎么劝阻他?

（四）开放式活动：角色扮演

将学生分为两人一组，分别扮演家长和孩子。孩子即将到外地去上大学，家长向他/她提出建议，例如在交朋友、学习、用钱等方面一定要注意哪些事情。演完后，两人可以互换角色，再做一次。

往往

一、教师须知

（一）语义、功能及注意事项

“往往”是副词，表示的是某种带有倾向性或习惯性的情况或行为，“是对于到目前为止出现的情况的总结，有一定的规律性，不用于主观意愿”（吕叔湘 1999, 548 页）。例如：学生往往没有什么钱。

“常常”跟“往往”不同。“‘常常’只表示频率高，与条件无关，不一定有规律性，可以用于主观意愿，因此，‘常常’可用于将来的事情，‘往往’不能”（548 页）。例如：

1. 到了中国以后，我会常常给你写信。
2. *到了中国以后，我会往往给你写信。

参考文献：吕叔湘（1999）

（二）常见形式

形式 / 例句	主语 (+其他成分)	往往	动词词组
1	他	往往	周末才去打球
2	他是公司的老板，工作很忙	往往	顾不上吃饭
3	在中国传统社会里，儿女	往往	不赞成父母再婚

二、 课堂操作程序

（一） 语言点导入：问答式导入

（板书“往往”）

老师：大学生看书的时候，一般会在什么地方？

学生：图书馆或者宿舍。

老师：（指着板书）所以我们可以说：大学生……

学生：大学生往往会在图书馆或者在宿舍看书。

（二）操练一：完成句子

1. 他年轻时钱不多，所以__________________。（提示：买便宜的东西……）
2. 住在大城市停车很不方便，所以人们_______。（提示：坐地铁上班）
3. 很多一次性产品不能回收，______________。（提示：造成环境污染）

（三）操练二：句子转换

1. 考试以前，他一般都睡得很晚。→
2. 现在人们给朋友或家人写信一般都用电脑。→

3．无论中国还是美国，过节的时候，只要没有特别的情况，人们基本上都会和家人团聚。→

（四）操练三：回答问题

1．暑假的时候我一般都工作，你呢?

2．外国人去中国旅行一般都会去什么地方?

3．在美国，要是上大学付不起学费，人们会怎么办?

4．中国的年轻夫妇生了孩子，一般是他们的父母帮他们照顾孩子。在你的国家，怎么样?

（五）开放式活动：讨论

学生分组讨论大城市一般来说有什么特点以及小镇一般来说有什么特点。

万一

一、教师须知

（一）语义、功能及注意事项

“万一”是连词，“表示可能性极小的假设，用于不希望发生的事情”（吕叔湘 1991, 479 页），多用于前面的小句，用在主语之前或之后均可。“万一……呢？”多用于对话中的提问，意思是“如果出现了某种情况，那该怎么办呢？”

参考文献：吕叔湘（1991）

（二）常见形式

形式 / 例句	万一	小句 1 不愿出现的情况	小句 2（主句）将会导致的结果
1	万一	他晚上发起烧来	你就赶快给医生打电话
2	万一	他明天赶不到	你打算怎么办呢
3	万一	你丢了护照	就不能出国了
4	万一	明天下雨	我们就不去参观了

二、课堂操作程序

（一）语言点导入：问答式导入

（板书“万一”）

老师：你们一般能按时交作业吗?

学生：能。

老师：万一不能按时交作业，一定要提前告诉我，好不好?

学生：（老师指着板书带全班齐答）好，万一不能准时交作业，我们一定会提前告诉您。

（二）操练一：完成句子

1．你借给我的笔，不知道放在哪儿了。万一丢了，我就________________。
2．这场球赛定于下个周末举行。万一下大雨，那就__________________。
3．他跟女朋友计划今年年底去中国旅行，万一工作脱不开身，他们_______。

（三）操练二：回答问题

1．今天的比赛我们一定会赢，我们应该买一些酒庆祝。你说呢?
2．（老师先问）暑假你想做什么？（学生回答后，老师再问）我想你父母大概会同意，但是如果他们不同意，你怎么办?
3．我的身体没有问题，所以我没有医疗保险。可是很多人都劝我买，他们为什么觉得我应该买医疗保险?

（四）开放式活动：你应该带什么？

练习方法：你的朋友准备去一个偏僻的热带丛林小岛旅行，你会建议他/她带什么？为什么？（教师可提示：地图、药、指南针、刀子……）

例如：你应该带着地图，万一走丢了，可以看看地图。

为了……

一、教师须知

（一）语义、功能及注意事项

“为了”是介词，引导动词词组、名词或名词词组，构成介词词语，做目的状语；其后的主句表示为达到此目的所采取的行动。

由于受英文词 “for” 的影响，初学者在学习本语言点时可能会混淆“为了（引出目的或受益者）”和 “因为（引出原因）”。 例如：

1）* 他决定不学钢琴了，为了他没有时间。

2）因为他没有时间，所以他决定不学钢琴了。

参考文献：陆庆和（2005）； 吕叔湘（2003）；北京大学汉语语言学研究中心现代汉语语料库

（二）常见形式

a)

形式 例句	为了	动词词组 1	主语	动词词组 2
1	为了	学好中文语法	我	买了好几本语法书
2	为了	挣钱付学费	哥哥	每个周末都去餐馆打工
3	为了	避免出差错	你	最好再检查一次

b)

形式 例句	为了	名词/名词词组	主语	动词词组
1	为了	孩子	她	辞职了
2	为了	丈夫	她	牺牲了自己的事业
3	为了	我的朋友	我	什么都愿意做

二、课堂操作程序

（一） 语言点导入：问答式导入

（板书语言点“为了 ……”）

老师：如果你们想把中文学好，都应该做些什么？（可以多问几个学生）

学生：（可能回答）应该多练习发音/多写汉字/常跟同学练习对话 ……

老师：我们可以说……

学生：（老师指着板书带全班齐说）为了把中文学好，我们应该多练习发音/多写汉字/常跟同学练习对话 ……

（二） 操练一: 句子转换

1. 她想提高中文口语能力，所以常常和中国人聊天。→
2. 我爷爷想见他的老朋友的时候，就去茶馆儿喝茶。→
3. 想跟别人聊天的时候，小李就去酒吧喝酒。→
4. 老马拼命地工作，是想买一栋大房子。→
5. 中国政府采取"独生子女"的政策，目的是要控制人口增长。→

（三） 操练二: 完成句子

1. 为了提高我的听力水平，____________________________。
2. 为了感谢我的好朋友，____________________________。
3. 为了出色地完成这个任务，____________________________。
4. 为了让我的男/女朋友/父母高兴，____________________________。
5. 为了赶上早班车，____________________________。

（四） 操练三：回答问题

1. 你是怎样学好专业课的?
2. 我们怎样才能保持健康?
3. 你认为，我们应该怎样保护环境?
4. 你认为政府应该怎样解决贫富不均的问题?

（五） 开放式活动：提建议

我的好朋友晓梅刚来美国上大学，她的英文不太好，对美国的饮食和生活习惯也都不适应。虽然她天天都在图书馆学习，可是她的学习成绩并不好。她很着急。请你给她一些不同方面的建议。例如：

1．如何提高英文水平
2．如何尽快适应美国的饮食和生活习惯
3．如何尽快提高学习成绩

无论…… 都……

一、教师须知

（一）语义、功能及注意事项

“无论”是连词，与副词“都”构成“无论……都……”句型。“无论”又作“不论、不管”，“不管”常用于口语。本语言点表达的是不管出现什么情况，结果都是一样的，或前提条件不同，结果也不变，强调没有例外。

学习者容易出现的问题有：

1) 主语用在“都”后，例如：

*无论怎么样都他不该打人。

2) 在“选择疑问短语”中用“或者”取代“还是”，例如：

*无论中国人或者美国人都喜欢打篮球。

（二）常见形式

a)

形式 / 例句	无论	含疑问词的短语	（主语）	都	（否定词）+ 动词词组
1	无论	什么人（谁）		都	不能在教室吸烟
2	无论	在哪儿		都	能买到快餐
3	无论	怎么样	他	都	不该打人
4	无论	什么时候	你们	都	可以去看他
5	无论	我们怎么劝	他	都	不听

b)

形式 / 例句	无论	选择疑问短语或是非/正反疑问短语	（主语）	都	动词词组
1	无论	中国人还是美国人		都	喜欢打篮球
2	无论	今天天气好不好	我们	都	要去散步
3	无论	有没有重要的事	我	都	要给他打电话
4	无论	这件衣服贵不贵	她	都	要买

二、课堂操作程序

（一）语言点导入：问答式导入

（板书“无论…… 都……”）

老师：学生能不能在教室里吸烟？

学生：不能。

老师：老师能不能在教室里吸烟？

学生：不能。

老师：校长呢？

学生：也不能。
老师：我们可以说……
学生：（老师指着板书带全班齐说）无论谁都不能在教室里吸烟。

（二）操练一：句子转换

1. 在学校学生上午、下午、晚上都可以上网。→
2. 以前，张老师、刘老师、李老师这三位老师说的话，我都听不懂。→
3. 我们天天上学，天气好、下大雨、下大雪都得上学。→

（三）操练二：句子转换（漫谈中国）

1. 在中国，哪儿都能买到美国快餐。→
2. 我们什么时候，在什么地方都可以看到很多人。→
3. 在大城市大街小巷哪儿都有出租汽车。→
4. 关心环保的人越来越多。→

老师可以根据实际情况编写类似的练习。

（四）开放式活动：看图说故事

题目：认真的小英

小英是个用功的好学生，……（老师在黑版上画出晴天、雪天等图）都去上学。放学之后，无论 ……（老师在黑版上画出忙、闲、累等图） 都会复习，所以她每次考试都考得很好。……

参考答案：

小英是个用功的好学生，无论晴天或雨天，她都会准时去学校上课。放学之后，不论是哪一门课，她都会认真复习，所以每一次考试，不管是数学还是英文，小英都能考一百分。小英在家里也是个好孩子，无论是爸爸还是妈妈说的话，她都会仔细地听。吃晚饭的时候，妈妈无论做什么菜，小英都会把它吃完。小英的朋友无论有什么困难，小英都会帮助他。所以不论是谁，都称赞小英是好孩子。

先……然后……

一、教师须知

（一）语义、功能及注意事项

"……先……然后……"表示一件事情发生之后接着发生另一件事情。在结构上，"先"必须位于主语之后，动词或动词词组之前，"然后"的后面可以跟动词、动词词组或句子。

学习者常见错误有二。一是把"先"放在主语的前面，如：*晚会上先我们唱歌，然后跳舞。二是混用 "然后"和 "以后"，如：* 下课然后我们去打球。或者：*昨天，我先做功课，以后，去运动了。

参考文献：李忆民（1995）；刘月华等（2002）；吕叔湘（2003）；北京大学汉语语言学研究中心现代汉语语料库

（二） 常见形式

a)

形式 / 例句	主语/话题	先	动词/ 动词词组 1	然后	动词/ 动词词组 2
1	我常常	先	听课文录音	然后	背生词
2	这件事，我得	先	考虑一下	然后	再决定
3	我们	先	坐飞机到了北京	然后	坐火车去了上海

b)

形式 / 例句	主语 1/话题	先	动词/ 动词短语 1	然后	主语 2	动词/ 动词词组 2
1	上课时老师常常	先	提问	然后	学生	分组讨论
2	你们	先	去问清楚	然后	我们	想办法
3	记者会上，总统	先	讲了话	然后	记者	问了很多问题

二、课堂操作程序

（一）语言点导入：问答式导入

（板书"……先……然后……"）

老师：我每天起床以后洗澡，你呢?

学生：洗澡。

老师：然后呢?

学生：吃早饭。

老师：所以我们可以说，他每天……

学生：（老师指着板书带其他学生齐说）他每天起床以后先洗澡，然后吃早饭。

（二） 操练一：用指定词语完成句子

（老师课前准备好生词卡片）

1. 上课的时候，你最好________________（听老师讲解/问问题）。
2. 他昨天 ________________________（去邮局寄信/去书店买书）。
3. 明天我们打算__________________________（看电影/买东西）。
4. 我们应该 ________________________________（复习/做作业）。

（三） 操练二：完成句子

1. 考试以前，我常常先复习，____________________________。
2. 上课时老师先复习生词，______________________________。
3. 这个问题如果不懂，你应该先看书，____________________。
4. 今天上午我很忙，我得先去图书馆打工，________________。
5. 要是你不喜欢听音乐，我们可以先看电视，______________。
6. 旅行以前你最好先订机票，____________________________。

（四） 操练三：回答问题

1. 昨天，吃完晚饭以后，你都做了什么？
2. 你每天都怎么准备中文课？
3. 要是做功课的时候，有不懂的问题，应该怎么办？
4. 今天，你要做什么？
5. 你一般怎么过周末？
6. 旅行以前，应该做些什么准备？

（五） 开放式活动：角色扮演

1. 两人一组扮演问路人和指路人。
2. 两人一组商量庆祝 21 岁生日的晚会怎么准备。
3. 两人一组商量去外国留学怎么办手续。（申请学校、办护照、办签证）

（六） 开放式活动：叙述

学生两人一组，互相介绍自己的每天的生活和学习安排。

向来

一、教师须知

（一）语义、功能及注意事项

“向来”是副词，表示某种状态、某种想法、或者某种习惯从过去到现在都是如此。例如：

1. 这个地区的气候向来温和湿润，适合种茶。（状态）
2. 他向来主张男女平等。（想法）
3. 他向来早起早睡。（习惯）

如果“向来”与表示动作的动词，如“吃、看、学习”等合用时，要在动词的前后加上某些成分，方能使用。例如：

1. 他向来起床以后洗澡。（动词前加上时间状语）
2. 小张向来在图书馆里学习。（动词前加上地点状语）
3. 他向来不吃快餐。（动词前加上副词“不”）
4. 小王向来只吃肉。（动词前加上其他副词比如“只”）
5. 他向来把我当作他的妹妹。（动词前加上介词“把”）
6. 他向来看不起这种人。（动词后加上补语）

如果不经过上述处理或变化，而把“向来”直接放在动词的前面则不行。例如：*他向来学习小提琴。

另外，“向来”不能跟特别指定的时间段合用，例如：*今年夏天他向来早起早睡。

参考文献：侯学超（1998）；吕叔湘（1999）；潘淑敏，胡晓虹（2003）

（二）常见形式

例句＼形式	主语	向来	形容词词组/动词词组
1	中国人	向来	把家庭看得很重
2	那位法官	向来	不讲情面
3	我的薪水	向来	只够自己用
4	山里的交通	向来	不方便
5	小王	向来	喜欢下课以后留在学校打球

二、课堂操作程序

（一）语言点导入：问答式导入

（板书“向来”）

老师：你现在抽烟吗?

学生：不抽。

老师：你过去抽烟吗?
学生： 也不抽。
老师： （指着板书）所以你可以说……
学生： 我向来不抽烟。

（二）操练一：句子转换

1. 我习惯一边听音乐一边看书，从过去到现在都一样。→
2. 我的老师从过去到现在都很准时下课。→
3. 那位明星拍的电影从第一部到最近的一部都很受欢迎。→

（三）操练二：问题回答

1. A: 听说他这个学期很忙，以前也都这么忙吗?
   B: 是，____________________。
2. A: 你吃得很少，你从小到现在都这样吗?
   B: 是，____________________。
3. A: 我看他这两天很用功，他不是因为快考试才这么用功的吧?
   B: 对，____________________。
4. A: 中文课的考试都这么难吗?
   B: 是，____________________。

（四）开放式活动： 描述

谈谈你的同屋或一位朋友的习惯。（提示：起床、睡觉、学习、运动等）

一……就……

一、教师须知

（一）语义、功能及注意事项

“一……就……”可以用来表示两件事情时间上前后紧接，如：小明一来，老王就走了；也可用来表示在某种情况下一定会出现某种结果，如：他一紧张，手就会出汗。前后两个分句的主语可以相同，也可不同。

参考文献：吕叔湘（1996）

（二）常见形式

a) 同一主语

形式 例句	主语	一	动词词组 1	就	动词词组 2
1	小李	一	下飞机	就	给我打了个电话
2	他们	一	吃完饭	就	会到我这里来
3	他	一	做作业	就	想睡觉
4	我姐姐	一	喝咖啡	就	会觉得不舒服

b) 不同主语

形式 例句	主语 1	一	动词词组 1	主语 2	就	动词词组 2
1	老师	一	说下课	学生们	就	跑出教室去了
2	哥哥	一	毕业	我爸爸	就	给他买了一辆新车
3	气温	一	下降	他	就	会感冒
4	他	一	喝酒	脸	就	红

二、课堂操作程序

（一）语言点导入：问答式导入

（板书“一……就……”）

老师：我们什么时候下课?

学生：12 点。

老师：我 12 点钟去吃饭。你们呢?

学生：也是 12 点钟去吃饭。

老师：我们可以说……

学生：（老师指着板书带学生齐说）我们一下课就去吃饭。

老师：餐厅里有汽水，可是我不能喝，因为每次喝了以后我都会觉得不舒服。你们说，我为什么不能喝汽水?

学生：（老师指着板书带学生齐说）因为你一喝汽水就会觉得不舒服。

（二） 操练一：把下面的词组用“一……就……”各连成一个句子

1. 放假 | 回家
2. 开车 | 听音乐
3. 饿 | 胃痛
4. 用电脑 | 眼睛不舒服
5. 生气 | 吃不下饭

（三） 操练二：完成句子

1. 我的室友一做功课____________________。
2. 他一感冒____________________________。
3. 我一开房间的门______________________。
4. 他太累了，一躺在床上_________________。
5. 北京一到冬天________________________。
6. 他一玩电脑，他妈妈__________________。
7. 春天一到____________________________。

（四） 操练三：回答问题

1. 你打算什么时候回家？
2. 你想什么时候去中国？
3. 你想什么时候买房子？
4. 你高中毕业两年以后才上大学的吗？
5. 你做了什么事以后，你父母就会马上不高兴？

（五）开放式活动： 分组讨论

1. 学生二人一组，互相用“一……就……”说说自己的日常时间安排。例如：

   我一起来就去洗澡。

   餐厅一开门我就去吃早饭。

   我一吃完早饭就去上课。

2. 学生分组，用“一……就……”谈谈自己的一些不为人知的小秘密或者生活体验。例如：

   我一看书就头疼。

   我一紧张就想上厕所。

   我一开车，我父母就很担心。

以……为……

一、教师须知

（一）语义、功能及注意事项

“以……为……”中的“以”表示“把”，而“为”表示“作为”，后边接名词或名词词组，最常见的有：“……以……为主/为目的/为标准/中心”等。

“以……为……”的另一种用法是“为”后是形容词，“表示比较起来怎么样”（吕叔湘 1999，613 页），本条目不例释。

参考文献：吕叔湘（1999）

（二）常见形式

形式 / 例句	话题	以	名词性短语	为	主/标准/目的/中心
1	这次考试	以	听力和写作	为	主
2	我们学的中文	以	普通话	为	标准
3	这次会议	以	制定计划	为	目的

二、课堂操作程序

（一）语言点导入：问答式导入

（板书 “……以……为……”）

老师：你们图书馆有没有中文书？

学生：有。

老师：但主要是英文书，对吗？

学生：对。

老师：（指着板书）所以我们可以说，图书馆里的书……

学生：图书馆里的书以英文书为主。

（二）操练一：句子转换

1. 她的工作主要是写作。→
2. 对学生来说，学习是生活中最主要的事情。→
3. 去中国的目的主要是学习中文。→
4. 我们今天主要讨论环境污染问题。→

（三）操练二：回答问题

1. 为什么现在越来越多的人要读研究所？他们的目的是什么？（拿到学位）
2. 戴尔(Dell)公司主要生产什么？
3. 为什么中国现在要实行计划生育政策？（控制人口增长）
4. 你知道中东国家的主要经济来源吗？（出口石油）

（四） 开放式活动：描述

介绍一下你的饮食习惯和生活习惯。

一边……一边……

一、教师须知

（一）语义、功能及注意事项

“一边……一边……”为“关联副词，表示两个以上的动作同时进行，用在动词前”（吕叔湘 2003, 601 页）。如：咱们边走边说。也可以说：咱们边说边走。这两种说法意思没有多大分别。但有时，其中一个动作发生得较早，是另一个动作进行的时间背景，这时如果把两个动作的顺序对调，其语义就会发生变化而显得不合情理。例如：

1. 他一边走路（背景）一边欣赏风景。
2. *他一边欣赏风景一边走路。

“一边……一边……”中的“一”可以省略，与单音节动词组成四字格形式，例如：“边走边聊、边说边笑、边想边说”等，但只能用于同一主语。

参考文献：吕叔湘（2003）；王还（1998）；台湾中央研究院现代汉语平衡语料库

（二）常见形式

形式 例句	主语 1 (+其他成分)	一边	动词词组 1	主语 2	一边	动词词组 2
1	我喜欢	一边	跑步		一边	听音乐
2	老李	一边	看着画儿		一边	评论着画家

二、课堂操作程序

（一）语言点导入：问答式导入

（板书“一边……一边……”）

老师：（在黑板上写字）我在做什么？
学生：你在写字。
老师：（唱歌）我还在做什么呢？
学生：你在唱歌。
老师：我写字的时候，我也在做什么？（指着板书）
学生：你在一边写字一边唱歌。
老师：你们也可以说……
学生：你在一边唱歌一边写字。

（二）操练一：句子转换

1. 他喜欢洗澡的时候唱歌。→
2. 我同屋常常运动的时候背中文单词。→
3. 小李开车的时候，总是听音乐。→
4. 我爸吃饭的时候，总是看电视。→

（三）操练二：完成句子

1. 马拉松运动员需要喝很多水，因此常常一边跑，________________。
2. 妹妹一生气就会一边哭，________________________________。
3. 有手机的人，常常____________________________________。
4. 为了付学费，他不得不________________________________。

（四）操练三：回答问题

1. 跑步的时候，你会同时做什么？（听音乐/欣赏风景）
2. 你说中文的时候，需要想好了以后再说吗？
3. 上课的时候，老师不喜欢学生做什么事情？（吃东西/做功课）

（五）开放式活动：叙述

1. 你朋友要开车出去旅行。出发前，请你给他一些忠告，并说明原因。
2. 你们全家人在一起的时候常常做些什么？

一点儿（都/也）不/没……

一、教师须知

（一）语义、功能及注意事项

"一点儿""用在'不、没'的前面，表示完全否定"（吕叔湘 2003，603页）。有无"都、也"，意思不变。

参考文献：吕叔湘（2003）

（二）常见形式

形式 例句	话题	主语	一点儿	（都/也）	不/没	形容词/动词/动词词组
1		我	一点儿	也	不	冷
2	你说的情况	他	一点儿		不	知道
3	这本书	我们	一点儿	都	没	看懂
4	恶劣的天气		一点儿		没	影响我们的玩兴

二、课堂操作程序

（一）语言点导入：问答式导入

（板书"一点儿（都/也）不/没……"）

老师：这几天天气很热，可是图书馆有空调。你们在图书馆学习，热不热？

学生：（老师指着板书带全班齐答）一点儿也不热，因为图书馆有空调。

（二）操练一：完成句子

1．中文发音比较难，可是语法______________________________。
2．我是从小地方来的，对大都市的生活________________________。
3．我是个老师，对学校的情况比较熟悉，可是对做生意____________。
4．明天有考试，可我____________________________________。
5．十年前发生的那件事给我的印象太深了，到现在________________。

（三）操练二：回答问题

1．南京的夏天很凉快吧？
2．这件毛衣穿了十年了，已经破了吧？
3．在美国上私立学校便宜不便宜？
4．美国的中餐馆地道不地道？
5．你喜欢抽烟/喝酒吗？
6．你习惯每天早上6点钟起床吗？
7．昨天的午饭真难吃，你吃了吗？
8．三个月没说中文，你都忘了吧？

9．今天的功课是小李帮你做的吧?

（四）操练三：填空练习

上个星期我生病了，三天没有上课，该做的作业______________，老师让我们看的那部电影，________________， 明天该交的报告_________________。 老师说，这________________影响我的成绩，因为我一直是个用功的好学生。今天我们有期中考，考前我________________准备，所以很紧张。可是，这次考试________________，所有的题我都会做。我希望我能得 100 分。

（五）开放式活动：比较

谈谈你跟你的同屋/兄弟姐妹在兴趣爱好方面有什么不同。

以来

一、教师须知

（一）语义、功能及注意事项

“以来”“表示从过去某时直到说话时（或特指的某一时间）为止的一段时间”（吕叔湘 1999, 616页）。“以来”前面可以是时间点（如：2001年）、时量（如：三年）或某个动作行为代表的时间（如：结婚）。“以来”后面的主句常有表示量、程度或频率的成分。

参考文献：吕叔湘（1999）

（二）常见形式

形式 / 例句	时间词语/动词词组	以来	主句
1	去年三月	以来	他已经去了三次北京了
2	三年	以来	我得到了他不少的帮助
3	学中文	以来	我天天练习写汉字
4	入秋	以来	晚上凉快多了
5	上大学	以来	他自信多了

二、课堂操作程序

（一）语言点导入：问答式导入

（板书“……以来”）

老师：你学中文学了多长时间了？
学生：我学了一年了。
老师：你天天练习写汉字吗？
学生：对。
老师：（指着板书）也可以说……
学生：学中文以来，我天天练习写汉字。

（二）操练一：句子转换

1. 从去年八月到现在，我看了五部中国电影了。→
2. 从出生到现在，我没离开过老家。→
3. 小张每天都送孩子上学，已经三年了。→
4. 从我父亲退休到现在，每个周末都去爬山。→
5. 1978年中国开始改革开放，到现在已经发生了很大的变化。→

（三）操练二：完成句子

1．近三个月以来，____________________。

2．开学以来，________________________。

3．学中文以来，______________________。

4．改革开放以来，____________________。

5．人们开始使用因特网以来，__________。

（四）开放式活动：谈谈生活

请说说五年以来你的生活情况或变化。（老师应提醒学生使用表示量、程度或频率的词语，比如：很多、越来越、三次、常常、一直等。）

以前……，后来……

一、教师须知

（一）语义、功能及注意事项

"以前"和"后来"放在一起用时，分别引导一个小句，讲的都是发生在过去的行为或事件，前一分句中的行为或事件发生的时间早。两个分句意义上有内在联系，而且一般谈的是某种状况的变化或变化前后的对照。"以前"可以与表示时间的词语或动词词组构成时间短语。

（二）常见形式

形式 例句	(时间词语/动词词组)	以前	分句 1	后来	分句 2 (主语与前一个分句的主语相同时省略)
1		以前	他在中国上中学	后来	申请上了美国的大学，就到美国来了
2	做生意	以前	他是一个穷光蛋	后来	成了一个百万富翁
3	上大学	以前	他谈过一个女朋友	后来	他们分手了

二、课堂操作程序

（一）语言点导入：图片加问答式导入

（板书"以前……，后来……"）

老师：（出示一张阿诺德·施瓦辛格的照片）他以前是做什么的？

学生：是电影演员。

老师：后来呢？

学生：他成了加州州长。

老师：可以怎么说？

学生：（老师指着板书带学生齐说）以前他是电影演员，后来他成了加州州长。

（二）操练一：套用句型

（用"以前……，后来……"和括号中的词语，说说小李等人的生活变化。）

1. 小李（在城里住 / 搬到乡下住）
2. 小王（住在学生宿舍里 / 在校外租房子住）
3. 我弟弟（喜欢打篮球 / 爱上了足球）
4. 张先生（学法文 / 学中文）

（三）操练二：回答问题（漫谈人类的变化）

1. 200 年以前人们常用什么交通工具，后来呢？
2. 很早很早以前人类住在什么地方，后来呢？
3. 人类是不是从一开始就吃煮熟的食物？

4．以前人们用什么照明，后来呢?

（四）开放式活动：谈谈各自生活中发生的变化

两人一组，互相介绍一下自己生活中发生的几个比较大的变化：以前怎么样，后来怎么样，现在怎么样。

以前/以后

一、教师须知

（一）语义、功能及注意事项

“以前/以后”在句中可独立作名词性时间词使用，“以前”指“比现在或某一时间早的时间”（吕，1991， 543 页）；“以后”指“比现在或某一时间晚的时间”（吕，1991， 540 页）。用在主语前或主语后均可。“以前/以后”也可与名词、表示时间的数量词、动词词组或小句，构成时间短语，“以”可以省略。

（二）常见形式

a)

例句＼形式	名词或表时间的数量词	以前/以后	主句
1		以前	我不会说汉语
2		以后	我要到中国去工作
3	一个多星期	（以）前	我才看过这本小说
4	中秋节	（以）后	月饼买二送一
5	两年	（以）后	你会在什么地方

b)

例句＼形式	动词词组或小句	（以）前/（以）后	主句
1	考试	（以）前	我都非常紧张
2	看医生	（以）前	得先打电话预约才行
3	下了飞机	（以）后	他得先找个旅馆住下
4	下课	（以）后	我们都去图书馆了

二、课堂操作程序

（一）语言点导入：问答式导入

（板书“以前/以后”）

老师：前年你们会说中文吗?

学生：不会。

老师：那去年呢?

学生：去年也不会。

老师：（指着板书）你们可以说……

学生：（老师指着板书带学生齐说）以前，我们不会说中文。

老师：（指着板书）以后，你们还要学中文吗?

学生：（老师指着板书带学生齐答）以后，我们还要学中文。

（板书“……以前/……以后”）

老师：你们每天几点钟上课？

学生：九点钟。

老师：那你们几点钟吃早饭？

学生：八点钟。

老师：（指着板书）你们可以说……

学生：（老师指着板书带学生齐说）我们上课以前吃早饭。

老师：下课以后，你要去做什么？

学生：去吃中饭。

老师：（指着板书）你们可以说……

学生：（老师指着板书带学生齐说）我们下课以后要去吃中饭。

（二）操练一：回答问题

1．你打算什么时候回家？

2．一般来说，一天中你什么时候比较累？

3．我们什么时候去游泳？

4．你是什么时候认识你男/女朋友的？

（三）操练二：完成句子

1．很多人在电影开演 以前，______________。（去上厕所/买爆米花吃）

2．新年以前，妈妈忙着 _________________。（整理房间/打扫房子/买年货）

3．上了中国文化课以后，_______________。（对……更感兴趣了）

（四）操练三：回答问题

1．以前你住在哪儿？以后你想住在哪儿？

2．上课以前，你怎么预备新课？下课以后，你在哪儿复习功课？

3．一般来说，百货公司什么时候大减价？

4．你学了中文以后，对中文有了什么样的了解？

（五）开放式活动：互动问答

1．（两人一组，以问答方式进行）

你上大学以前和现在的生活有什么不同？你对将来的工作和生活有什么安排？

2．请你谈谈学中文对你的生活有什么影响？

3．请你描述一下你的老家过去跟现在有什么不同？（生活环境、交通、经济）

以往……，如今/而今……

一、教师须知

（一）语义、功能及注意事项

“以往”和“如今/而今”分别引导两个小句，表达的是过去和现在的对照，一般语义重心落在“如今/而今”引导的小句上。“以往”在小句 1 的主语前后均可。

跟“以前”相比较，“以往”的语体更正式，此外，“以往”的前面不能加表示时间的词语。例如：

1. 十年以前她是一只“丑小鸭”，如今变成美丽的“天鹅”了。
2. *十年以往她是一只“丑小鸭”，如今变成美丽的“天鹅”了。

（二）常见形式

例句＼形式	以往	小句 1	如今/而今	小句 2
1	以往	他喜欢热闹	如今	越来越喜欢安静了
2	以往	包办婚姻主宰着众多中国青年男女的命运	如今	中国的年轻人几乎都是通过自由恋爱建立家庭的
3	以往	中国实行的是计划经济	而今	中国实行的是市场经济

二、课堂操作程序

（一）语言点导入：问答式导入

（板书“以往……，而今/如今……”）

老师：二百年前，人们没有电话，怎么跟住在外地的亲人、朋友联系？

学生：得写信。

老师：那现在呢？

学生：打电话就行了。

老师：（指着板书）我们可以说……

学生：（老师指着板书带学全班齐说）以往人们得写信跟朋友、家人联系，如今打电话就行了。

（二）操练一：句子转换

1. 年轻的时候我爷爷每天睡八个小时，现在只能睡六个小时。→
2. 在中国，以前很多人骑自行车上班，现在很多人开汽车上班了。→
3. 过去中国人常常三、四代人住在一起，现在中国人的家庭很多是三口之家。→
4. 过去他总是投共和党的票，现在他改投民主党的票了。→

（三）操练二：完成句子

1. 妇女以往只能待在家里做家务，而今____________。

2. 以往，本科毕业就是高学历了，如今___________。
3. 中国人以往每星期只休息一天，而今___________。
4. 以往，全世界的华人都用繁体字，如今_________。

（四）操练三：回答问题

1. 跟以前相比，现在学习中文的人数有什么变化?
2. 人们学习中文的主要目的有什么变化?
3. 你小时候和现在的爱好有什么不同?
4. 中国/美国年轻人喜欢的音乐过去和现在有什么不同?
5. 中国/美国年轻人穿的衣服过去跟现在有什么不同?

（五）开放式活动：二十年后再相聚

你跟你的校友二十年后在母校重逢，谈起了过去和现在的变化（母校、你们各自的生活等）。（老师应提醒学生使用“以往……，如今/而今……”）

以为

一、教师须知

（一）语义、功能及注意事项

“以为”是动词，它“作出的论断往往不符合事实，用另一小句指明真相”（吕叔湘 2003, 619 页）。指明真相的小句通常放在含“以为”的小句后边，并且用“原来、没想到、其实、结果”等词语与之搭配。这几个词语的语义及功能不尽相同，使用时需加以注意，但不属本条目讨论的重点。

当“以为”的前面用“还”修饰时，指明真相的小句也可放前面，例如：

没想到你是美国人，我还以为你是中国人。

“以为”和“结果”搭配，带“结果”的小句不可放在前边，例如：

我以为他不来了，结果他还是来了。

*结果他还是来了，我以为他不来了。

“以为”的另一用法是“对人或事物作出某种论断”（619 页），与“认为”相似，但语气较轻，如“我以为现在就出发还来得及。”本条目不作具体例释。

参考文献：吕叔湘（2003）

（二）常见形式

形式 / 例句	含有“以为”的小句 1			指明真相的小句 2	
	主语	以为	错误的论断	原来/其实/没想到/结果……	真相
1	我	以为	你是学生	原来	你是老师
2	我们	以为	他去中国了	其实	他去日本了
3	他	以为	坐车去会比较快	没想到	(坐车)还没有骑车快呢
4	我	以为	三天才能做完	结果	两天就做完了

二、课堂操作程序

（一）语言点导入：问答式导入

（板书“以为……原来……”）

老师：你们说，我今年多大了？

学生：三十岁/三十五岁/四十岁……

老师：都不对，我今年已经五十岁了。（指着板书）你们可以说……

学生：（老师指着板书带学生齐说）我们以为你今年三十岁了，原来你已经五十岁了。

（二）操练一：完成句子

1. 我以为他只喜欢看书，原来______________。（提示：旅行/运动/跳舞/唱歌）
2. 大家都以为李小姐爱的是小王，没想到______________。（小白）
3. 我以为__________，其实很容易。（提示：写汉字/做中国饭/游泳/唱中国歌）
4. 我以为这本书三天就能看完，结果______________。（提示：十天/半个月）
5. 我昨天的考试只得了八十五分，我还以为______________。

（三）操练二：完成对话

1．A：快点儿走吧，还有十分钟电影就开演了。
   B：十分钟？我以为______________。
2．A：今天晚上还吃米饭，好不好？
   B：天天吃米饭，我已经吃腻了。
   A：真的？我还以为______________。
3．A：我给你介绍一个女朋友，好不好？
   B：不必了。因为我结婚已经三年了。
   A：真的？我还以为______________。

（四）操练三：回答问题

1．北京的夏天这么热，你怎么来这儿旅游？
2．咱们说好 9:00 见面，你怎么现在才到？
3．你不是说过学历史找不到工作吗？怎么不学物理，改学历史了呢？
4．我们明天才开会，你怎么今天就来了？
5．气象报告说今天天气会很好，你带伞来做什么呢？
6．他今天在家！你怎么不给他打电话？

（五）操练四：扩展句型

（用“以为……其实/原来/没想到/结果……”和下列词语造句）

1. 期中考试会很难 | 这么简单
2. 他今天来 | 他下个星期才来
3. 这儿的冬天很冷 | 一点也不冷
4. 纽约离这儿很远 | 很近
5. 今天会下雨 | 没有下
6. 王老师去中国了 | 去法国了

（六）开放式活动：情景练习

1. 人们对不同国家、地区、州、省、市的人通常会有什么样的刻板印象？你同意吗？二人一组展开讨论，看看谁能说服对方。

	刻板印象	实际情况
美国人		
中国人		
英国人		
德州人		
新英格兰人		

2. 学生两人一组，扮演两个好友。学生 A 刚跟男/女朋友分手，正在跟学生 B 诉苦、抱怨。学生 B 可以加以评论或表示不解。

以至于……

一、教师须知

（一）语义、功能及注意事项

“以至于”多用于正式语体，主要出现在因果复句中表示结果的从句的开头，表示所引出的结果是上文造成的。“这种结果大多是不好的，或说话人所不希望的”。也可用“以致”（吕叔湘 1996, 547 页）。

参考文献：吕叔湘（1996）

（二）常见形式

例句＼形式	原因	以至于	结果
1	他年轻时不注意身体	以至于	晚年疾病缠身
2	小王连日来一直晚睡	以至于	白天无法集中精神
3	他脾气暴躁	以至于	失去了很多朋友

二、课堂操作程序

（一）语言点导入：问答式导入

（板书“……，以至于……”）

老师：期末考试的时候，学生忙不忙？

学生：很忙。

老师：听说有的人连睡觉的时间都没有。考试的时候你们忙到什么程度？

学生：（老师指着板书带全班齐答）期末考试的时候，学生非常忙，以至于连睡觉的时间都没有。

（二）操练一：完成句子

1. 他经常不来上课，以至于____________________。
   （提示：连老师都不知道他的名字）
2. 这个学校学生多、宿舍少，以至于____________________。
   （提示：得六个人同住一个房间）
3. 她的车被撞得很厉害，以至于____________________。
   （提示：车门都无法打开）
4. 美国大学的学费年年增高，以至于____________________。
   （提示：很多人无力支付）
5. 近年来，这个地区的树木被大量砍伐，以至于________________。
   （提示：水土大量流失）
6. 中国私人汽车数量持续增加，以至于____________________。
   （提示：交通拥挤问题日益严重。）

7. ______________________________，以至于导致全球变暖。

8. ______________________________，以至于导致大城市房价居高不下。

9. ______________________________，以至于大学学费年年增加。

（三）开放式活动：角色扮演

题目：“繁忙”的星期天

角色 A：你是某大学的一位老师。星期一上课的时候，你发现有好几个学生显得疲惫不堪。更糟糕的是有的学生根本就没来上课。你想知道原因，所以去学生中间调查访谈。

角色 B：你是某大学的学生，你和你的很多同学星期日都很“忙”，以至于影响到了星期一的课。现在你得跟老师谈谈星期一你们为什么不能专心上课。

下面是学生的情况：

	时间	所做之事	结果
学生 1	星期日晚上 6 点到凌晨 2 点	玩电脑游戏	整晚未眠
学生 2	星期日晚上 10 点到凌晨 3 点	在朋友家喝酒、跳舞	一夜未合眼
学生 3	星期日早上 10 点到星期一下午	开车去看朋友，中途汽车故障	未能赶回上课
学生 4	星期日晚上 10 点到凌晨 2 点	看夜场电影，夜里三点才睡	睡过了头

有的……，（有的）……

一、教师须知

（一）语义、功能及注意事项

“有的”指的是一个不定的量，用来表示“人或事物中的一部分”（《现代汉语词典》1983, 1401 页）。“有的”常常叠用，有对比或列举之意；单用时，对比虽不像叠用时那么明显，但也隐含在话语之中。比如：

1. 我们班很大，有的人我认识，有的人我不认识。
2. 我的同学当中，有的喜欢打篮球，有的喜欢游泳，有的喜欢爬山。
3. 美国东部，有的地方我去过。

例 3 里其实也暗含了“美国东部，有的地方我没去过”的意思。

“有的”所引导的名词或名词词组一般都放在句首，作为全句的话题。“一些”虽然也用来指不定的量，但不像“有的”那样有对比之意。“一些”一般不放在句首。有些学习者常把“有的”和“一些 ”混用，比如：*我借了有的书。

参考文献：《现代汉语词典》（1983）

（二）常见形式

a)

形式 / 例句	有的	名词/名词词组		有的	名词/名词词组	
1	有的	时候	我很忙	有的	时候	（我）不忙
2	有的	问题	他懂	有的	问题	他不懂
3	有的	大城市	我去过	有的	大城市	我没去过

b)

形式 / 例句	话题/背景	主语		谓语
		有的	名词/名词词组	
1	我们班	有的	人	想去
2	这儿比较穷	有的	小学校	连操场都没有
3	那家旅馆条件还可以	有的	房间	有空调

二、 课堂操作程序

（一）语言点导入：问答式导入

（板书“有的”，在黑板上写几个学生认识的字，写几个学生不认识的字）

老师：这些字你们认识吗?

学生：认识。

老师：那些字你们认识吗?

学生：不认识。

老师：（指着板书）所以我们可以说，这些字里……

学生：这些字里，有的我们认识，有的我们不认识。

（二）操练一：回答问题

1. 这个学期你什么时候都很忙吗?
2. 周末大家都想去看电影吗?
3. 你们学校图书馆里的书你都看过吗?
4. 美国的大城市你都去过吗?
5. 那个饭馆的菜你都喜欢吃吗?
6. 你为什么说这儿的天气很奇怪?

（三）操练二：填空

1. 有的________________我喜欢，有的________________我不喜欢。
2. ____________________小王看过，__________________小王没看过。
3. ______________________刮风，______________________________。
4. ______________________好玩儿，____________________________。
5. ______________________很难，______________________________。

（四）操练三：完成句子

1. 那些地方我没都去过，____。
2. 我的朋友不都学习中文，______________________________________。
3. 那些电影不是都很有意思，____________________________________。
4. 他不是每天都很忙，____。
5. 这些菜的味道都不一样，______________________________________。

（五）开放式活动：叙述

你有很多朋友，谈谈他们的长相、个性、爱好，习惯，兴趣等。比如：我有很多朋友，有的人喜欢唱歌，有的人喜欢跳舞。

又

一、教师须知

（一） 语义、功能及注意事项

"又"是副词，本条目只讨论一种用法，即"表示一个动作（状态）重复发生（或继续）"（吕叔湘 1999，642 页）。通常用于已实现的动作，句尾常带"了"；指已然的继续的状态时，常带有动量补语，如"一会儿、一遍、三次"等。时间地点状语在"又"的前边。此外，有规律性的重复，虽属未然，仍需用"又"。例如：

1. 明天又是周末了。
2. 下个星期又该考试了。
3. 过几天，又要放假了。

参考文献：吕叔湘（1999）

（二） 常见形式

形式 例句	小句 1	主语	（状语）	又	动词性短语	了
1	我昨天看见他了	（我）	(今天早上)	又	看见他	了
2		她	今天	又	迟到	了
3	我说了一遍	他		又	说了一遍	
4	时间充裕	我们	就在北京	又	待了三天	
5	明天	百货公司		又	有大减价	

二、课堂操作程序

（一）语言点导入：问答式导入

（板书"又"）

老师：我很喜欢吃冰激凌。一点我吃了第一个，一点半我吃了第二个。（指着板书）还可以怎么说？

学生：你一点吃了一个冰激凌，一点半又吃了一个。

老师：我很喜欢这部电影，连着三个周末都看了。（指着板书）还可以怎么说？

学生：你上上个周末看了这部电影，上个周末又看了一遍，这个周末又看了一遍。

（二）操练一：句子转换

1. 他昨天跟今天上课都迟到了。→
2. 我喜欢喝绿茶。昨天晚上喝了五杯，今天早上也喝了六杯。→
3. 王先生喜欢爬山，上个周末他去爬山了，昨天也去了。→
4. 连着下了三天大雪，我们只好在山上的小旅馆多住了几天。→

（三）操练二：根据情景回答问题

1. 老师为什么生你的气？（提示：昨天，今天都没交作业）
2. 为什么很多人不买保险了？（提示：保险费去年，今年都增加）
3. 你为什么说你的朋友是一个特别好的学生？（提示：上个星期跟这个星期的考试都是 A）
4. 你为什么说你的同屋很喜欢去/来中国旅行？

（四）开放式活动：叙述

用“再”和“又”按照下面的内容给父母打电话，详谈你在这个学期的学习跟生活情况。

1. 学习方面：你功课特别多，老师两个星期以前让你们写一篇作文，上个星期让你们写第二篇作文，他/她还打算让你们写第三篇作文。你觉得很累，可是没关系，因为你的成绩不错，你的第一篇、第二篇作文都得了 A，你还想得第三个 A。
2. 生活方面：你交了一个好朋友，他上个周末打电话请你出去吃饭，你没有时间，所以没有去。昨天晚上他请你去看电影，你要准备考试，你还是没有时间去。他说他这个周末还想请你去看电影，你有时间去吗？

又……又……

一、教师须知

（一）语义、功能及注意事项

"又…… 又……"是关联副词，表示两种或两种以上的动作、状态、情况或性质的并列。"又"后面的谓语部分，其功能是对主语或话题进行陈述或评论，它们既可以是形容词、动词，也可以是动词词组。肯定与否定形式均可。

本句型有时起强调作用，比一般陈述句句型"主语/话题……，也……"感情色彩更浓重。

"又……又……"连接的词或词组在语义和语法结构上，应属于同一类型。比如，"今天的作业又多又难"中"又…… 又……"连接的词都是形容词，语义都是"不容易完成"。"*今天的作业又少又难"则是错句，因为"又……又……"所连接的词语义不一致，"少"表示容易，与"难"意义相反。再比如，下面的例 1 没有问题，例 2 是错句：

1. 他爱做饭，而且做得又快又好。（语义：厨艺高；语法结构：形容词）
2. *他又爱做饭，又做得好。（前后语法结构不一致：动宾 | 宾补）

英文为母语的学生易套用英文句型"both … and …"，将名词放在"又……又……"之后，造出错句，如"*又老师又同学在餐厅吃饭。"

北京大学汉语语言学研究中心现代汉语语料库显示，"又"之后成分的字数越多，使用的频率越低。因此教学时，应以使用频率较高的为主，如：又高又帅、又脆又甜、又渴又累、又大又圆等。

参考文献：吕叔湘（1999）；北京大学汉语语言学研究中心现代汉语语料库

（二）常见形式

a)

形式 / 例句	主语/话题	又	(不)形容词 1/ (不/没)动词 2	又	(不)形容词 1/ (不/没)动词 2
1	我每天晚上上课的时候	又	累	又	困
2	她的男朋友	又	高	又	帅
3	他只是个小小的办事员	又	没有钱	又	没有权

b)"想、希望"等表示意愿的动词用于"又……又……"结构时，语义是拿不定主意

形式 / 例句	主语/话题	又	A	又	B（+ 其他成分）
1	这个周末，他	又	想去爬山	又	想去购物，还没拿定主意。
2	你	又	想去看电影	又	想在家休息，你到底想做什么

c)

例句＼形式	主语	(动宾+)动+得	又	程度补语	又	程度补语
1	他	写字写得	又	快	又	好
2	她	说中文说得	又	清楚	又	流利

二、课堂操作程序

（一）语言点导入：问答式导入

（板书“又……又……”）

举例一：

老师：运动以后，你们累不累？渴吗？饿吗？

学生：（可能回答）很累/很渴/很饿……

老师：运动以后你们觉得怎么样？

学生：（老师指着板书带全班齐答）运动以后，我们又累又饿。

举例二：

老师：开晚会的时候，你们都做什么？

学生：（可能回答）唱歌/跳舞/喝酒/吃零食……

老师：开晚会的时候你们做什么？

学生：（老师指着板书带全班齐答）开晚会的时候我们又唱歌又跳舞。

（二）操练一：套用句型

（老师课前准备好词卡，让学生用 “又……又……” 和给出的词语对下列话题做评论）

1. 你的女/男朋友怎么样？　（聪明/漂亮/可爱/有意思；高/瘦）
2. 上周周考的考题怎么样？　（难/多）
3. 我们的教室……　（大/亮；有冷气/有暖气；有电视/有投影机）
4. 这张画……　（不便宜/不好看）
5. 我的妹妹……　（怕吃药/怕打针）
6. 我们的小教室……　（没有冷气/没有电扇）

（三）操练二：完成句子

1. 我们大教室的设备很好，又有电脑又________________。
2. 谁都不喜欢这本书，因为__________________________。
3. 我喜欢去……度假，在那里________________________。

（四）操练三：回答问题

1. 你为什么喜欢你的老师？
2. 开晚会的时候你们常常做什么？
3. 美国是个什么样的社会？

4. 你为什么还没决定去哪儿旅行？（提示：又想……又想……）

（五）操练四：套用句型扩大句型练习

例句：他写文章写得又好又快。

模仿例句描述一下你自己的情况：写汉字/说中文/游泳/看书/ 跑步……

（六）开放式活动：彼此赞美

老师：赞美别人会让大家都很快乐，今天我们就试试看，轮流用“又……又……”来赞美同学或是同学的东西。

高；帅	仔细；认真
有钱；聪明	会唱歌；会跳舞
可爱；活泼	会游泳；会打球
美丽；大方	能说中文；能说法文
整齐；清洁	会写汉字；会画国画

由于

一、教师须知

（一）语义、功能及注意事项

“由于”用来引出原因，较少使用在口语里。

“由于”和“因为”的不同主要有三。一是“由于”可与“因此”、“因而”搭配使用，“因为”不可。二是“因为”可出现在后一小句里，“由于”不可。例如：

1. 我现在在学中文，因为以后我想去中国工作。
2. *我现在在学中文，由于以后我想去中国工作。

三是“由于”一般不用来直接回答“为什么”的问题，例如：

3. A: 昨天你为什么没有来上课？
   B: 因为我病了。
4. A: 昨天你为什么没有来上课？
   * B: 由于我病了。

参考文献：刘月华等（2005）；吕叔湘（1991）

（二）常见形式

a)

形式 / 例句	由于	原因	主语	结果
1	由于	工作太多	她	忙得无法照顾孩子
2	由于	语言的关系	我的朋友	不能很好地了解中国社会
3	由于	工作能力差	他的老板	一直没有给他加薪

b)

形式 / 例句	由于	原因	所以/因此/因而	结果
1	由于	勤奋、努力	所以	他的中文有了很大的进步
2	由于	缺乏沟通	因此	他们的婚姻出现了危机
3	由于	文化存在差异	因而	我们更应互相了解

c)

形式 / 例句	主语	由于	原因	结果
1	我的中文水平	由于	我去了中国	（而）有了很大的提高
2	我的朋友	由于	健康问题	（而）放弃了工作
3	中国的经济	由于	改革开放	（而）得以快速发展

d)

形式 / 例句	情况（句子 / 短语）	是	由于	原因
1	他们离婚	是	由于	性格不和
2	他自暴自弃	是	由于	对前途失去了信心
3	他退出篮球队	是	由于	膝盖严重损伤

二、课堂操作程序

（一）语言点导入：问答式导入

（板书“由于”）

老师：中美两国的交流越来越多，了解也越来越深。对不对？请用“由于” 说明中美两国的了解加深的情况。

学生：由于中美两国交流的增加，相互了解也加深了。

老师：还可以说……

学生：（老师指着板书带全班齐说）中美两国由于交流的增加而加深了了解。
中美两国了解的加深是由于交流的增加。

（二）操练一：完成句子

1．由于飞机晚点，______________________。
2．由于要控制人口，______________________。
3．由于文化的差异，______________________。
4．由于性格问题，______________________。
5．由于不适应新的环境，因此，________________。
6．由于人口政策的实施，因而，________________。
7．由于看法不同，因此，____________________。
8．他们的关系由于__________而____________。
9．中美两国由于__________而____________。
10．中国人口由于__________而____________。
11．他的中文水平这么高是由于________________。
12．他身体虚弱是由于______________________。

（三）操练二：用“由于”对下列话题进行讨论

1．请说明你的中文是如何提高的。
2．请谈谈中国目前的经济情况如何。
3．请谈谈美国目前的外交状况。

（四）开放式活动：我的国家

先跟学生总结分析一下近几年学生自己国家或所在国的政治、经济、社会、外交等方面的情况，然后总结和描述前因后果。

与其……不如……

一、教师须知

（一）语义、功能及注意事项

"与其……不如……"表示比较之后，不选择某事而选择另一事（吕叔湘 1996, 564 页）。使用该语言点得有一定的语境。假如在没有任何原因或前提的情况下说出"与其学习日文，不如学习中文"这样的句子，其语法结构虽属正确，却会让人觉得莫名其妙。该建议的前提应该是，有人建议或认为应该学习日语，而说话人认为学习中文更为合适。"不如"的前边可以用"倒、还"表示强调。

参考文献：刘月华等（2001）；吕叔湘（1996）

（二）常见形式

a) 对两种差强人意的情况作出选择

形式 / 例句		与其	动词词组	不如	动词词组
1	你女朋友已经不爱你了	与其	勉强跟她在一起	还不如	早点分手
2	你的车太旧了	与其	花那么多钱修	不如	买一辆新的

b) 对两种情况作出选择

形式 / 例句		与其	动词词组	不如	动词词组
1	教育方法很重要	与其	批评子女	不如	鼓励他们
2	要想身体好	与其	吃维生素	不如	多吃新鲜蔬菜
3	在生活中	与其	靠别人	倒不如	靠自己

c) 对两种客观情况作出评判

形式 / 例句		与其说	动词词组	不如说	动词词组
1	大家都说我桥牌打得好，但是	与其说	我技术好	倒不如说	我运气好
2	他说我考试特别会猜题，他的说法	与其说	是表扬	还不如说	是批评

二、课堂操作程序

（一）语言点导入：问答式导入

（板书"与其……不如……"）

老师：我不想走那么远的路去图书馆，觉得在房间里看书比较好，可是你们觉得去图书馆比较好，因为那里有空调，比较舒服。你们会对我说什么？（指着板书让学生回答）

学生：与其在宿舍看书，不如去图书馆。

老师：请说明原因。

学生：与其在宿舍看书，不如去图书馆，因为那儿有空调，比较凉快。

（二）操练一：完成句子

1. 这个问题你已经想了很久了，还没有解决，与其一个人这样想下去毫无结果，不如______________________________。
2. 今天的作业这么难，与其一个人慢慢做，还不如__________________。
3. 现在贷款利率这么低，与其向父母要钱交学费，倒不如 ____________。
4. 与其天天跟太太吵架，倒不如______________________________。

（三）操练二：根据提示完成对话

1. A：我喜欢上了一个女/男同学，想给她/他打电话。

   B：______________（提示：你觉得写信更好。）

   （参考答案：与其给她打电话，不如给她写封信，这样可以把你要说的话都说出来。）

2. A：现在已经是夜里2点了。还是叫朋友到机场来接我们吧。

   B：______________（提示：你觉得在机场待一个晚上更合适。）

   （参考答案：与其让朋友到机场来接我们，倒不如自己在机场待一个晚上这样，不会太麻烦朋友。）

3. A：我要靠挨饿来减肥。

   B：______________（提示：你觉得靠运动来减肥比较健康。）

   （参考答案：与其天天挨饿，倒不如去锻炼，这样比较健康。）

4. A：老王失业了，整天都呆在家里，心情很不好。

   B：____________（提示：对这种情况，你有更好的建议。）

   （参考答案：他与其整天呆在家里，倒不如出去玩玩，散散心。）

5. A：我把钱存都存在银行里，因为保险。

   B：____________（提示：你觉得应该买股票。）

   （参考答案：与其把钱存在银行里，倒不如买股票碰碰运气，要是运气好的话，说不定还可以赚上一大笔呢！）

6. A：我认为他们是为爱情结婚的。

   B：______________（提示：你觉得他们的结合是因为金钱。）

   （参考答案：与其说他们是为爱情结婚的，不如说他们是为钱结婚的。）

（四）开放式活动：角色扮演

角色 A：你在做放假时的计划，有很多想法。

角色 B：你想给 A 一些建议。

于是

一、教师须知

（一）语义、功能及注意事项

“于是”是连词，“表示后一事承接前一事，后一事往往是由前一事引起的。可以用在主语后”（吕叔湘 1996, 563 页）。这里所说的“后一事”往往指的是一种举动、行为、决定或者一种现象的出现或消失，而不是对某种状态的描述。例如：

1. 现在汽油价格不断攀升，开车的费用越来越高，于是许多轻便省油的汽车便问世了。
2. 小张听了家乡来的人谈论家乡事，于是开始想家了。
3. *小张听了家乡来的人谈论家乡事，于是很想家。

“于是”跟“所以”不同，“所以”用来强调因果关系，而“于是”虽然也能表明一定的因果关系，但重点在于表明两件事情在时间上的先后承接关系。例如：他吃完了饭觉得很饱，于是出去散了散步。下面的句子则只能用“所以”，而不能用“于是”：

1. 停电了，所以不能做饭。
2. *停电了，于是不能做饭。

参考文献：刘月华等（2001）；吕叔湘（1996）

（二）常见形式

a) 前后分句主语相同

形式 / 例句	第一分句		第二分句			
	主语	谓语	(主语)	于是	(主语)	谓语
1		看看时间还早	他	于是		去茶馆坐了一会儿
2	小张	看到房价一直在下跌		于是		马上把房子卖了
3		听到老师的批评		于是	她	哭了起来

b) 前后分句主语不同

形式 / 例句	第一分句		第二分句			
	主语 1	谓语	(主语 2)	于是	(主语 2)	谓语
1	公司	倒闭了		于是	他	只好另找工作
2	他们俩	常吵架		于是	太太	决定搬出去住了
3	我父母	为弟弟的婚事烦恼	我	于是		找来了大舅，帮他们拿主意

二、课堂操作程序

（一）语言点导入：问答式导入

（板书"于是"）

老师：我昨天去了一家非常好的中国餐馆吃饭，吃完饭以后，发现没有带钱包。你们猜我怎么办了？（做打电话状，提醒学生）

学生 A：（你）给朋友打了一个电话，借钱。

老师：（指着板书）所以你们可以说：老师昨天去了一家饭馆吃饭，吃完了饭发现没有带钱包，于是……

学生：于是给朋友打了一个电话，借钱。

（学生说出答案后，请学生加上第一分句，将全句完整说出。）

（二）操练一：完成句子

1. 我很饿，可是又没有带钱，于是______________________________。
   （提示：跟朋友借钱买了个汉堡包）
2. 去年我在哪家餐馆吃坏了肚子，于是__________________________。
   （提示：决定以后再不去那儿玩了）
3. 我妹妹很喜欢学中文，对中国文化也很有兴趣，于是________________。
   （提示：她就到中国学习去了）
4. 小张上个月失业了，找了一个月都没找到合适的工作，于是___________。
   （提示：决定回学校读研究生）

（三）操练二：用"于是"或"所以"填空

1. 他对我很好，______我很喜欢他。
2. 在公司的赞助下，县里筹到了五十万元的教育基金，______这个村子就有了第一所小学。
3. 这个字弟弟写了十遍还没记住，______一整天都不高兴。

（四）开放式活动：句段练习

小王去年出国旅游的时候，遇到了很多麻烦事，例如：到了一个小镇，却找不到旅馆；有一天深夜没搭上末班车，回不了住处；有一回在路边买东西的时候，钱包被人抢了……当然他也遇到了不少值得回忆的事，例如：吃到了一种从来没吃过的菜，好吃极了；认识了一位漂亮的女孩子；意外碰到了多年不见的好友……

现在请你扮演小王，说说在以上的情况下你做了什么。

越 A 越 B

一、教师须知

（一）语义、功能及注意事项

"'越 A 越 B'表示在程度上 B 随 A 的变化而变化"（吕叔湘 1999, 639 页）。"越"后边的部分不能用表示程度的副词"很"等修饰。例如：

1. *雨越下越很大。
2. *他越唱，我越很烦。

动词后有程度补语时，"越"要放在"得"和补语之间。例如：

1. 我越生气，酒喝得越多。
2. *我越生气，酒越喝得多。
3. 这种药，吃得越少越好。
4. *这种药，越吃得少越好。

参考文献：刘月华等（2001）；卢福波（2000）；吕叔湘（1999）

（二）常见形式

a) 同一个主语（或话题）

形式 / 例句	(话题)	(主语)	越	动词/形容词	越	形容词
1		人	越	多	越	乱
2		我妹妹	越	长	越	漂亮
3	这件事	我	越	想	越	难过
4	她做的菜		越	吃	越	有味道

b) 两个不同的主语（或话题）

形式 / 例句	(话题)	主语 1	越	动词/形容词	(话题)	主语 2	越	形容词/动词/动词词组
1		我	越	伤心		他	越	高兴
2		大家	越	说		我	越	兴奋
3	这件事	他	越	解释		听的人	越	糊涂
4		你	越	着急	话		越	说不清楚

c) 前一分句带程度补语

形式 / 例句	(话题)	主语 1	动词	得	越	形容词	(主语 2)	越	形容词/动词/动词词组
1	炸鸡		吃	得	越	多		越	容易胖
2	这件事	他	解释	得	越	详细	听的人	越	糊涂

d) 后一分句带程度补语

形式 例句		越	动词/ 形容词		动词	得	越	形容词
1	我	越	高兴	酒	喝	得	越	多
2	大家	越	劝	这个女孩	哭	得	越	伤心

e) 前后分句都带程度补语

形式 例句		动词	得	越	形容 词		动词	得	越	形容词 短语
1	文章	写	得	越	长	问题	出	得	越	多
2	他	说	得	越	慢	我	听	得	越	不清楚

二、课堂操作程序

（一）语言点导入：问答式导入

（板书：越 A 越 B）

老师：你们觉得学中文难不难?

学生：很难。

老师：跟上个学期比呢?

学生：比上个学期难。

老师：你们学得多了，可是中文好像比以前更难了，所以，（指着板书）我们可以说中文……

学生：中文越学越难。

老师：但是你们常常复习、练习，所以你们比以前学得好了，对不对?

学生：对。

老师：（指着板书）所以，我们可以说中文我们越学……

学生：中文我们越学越好。

老师：你们的中文越学越好，老师非常高兴。所以我们还可以说……

学生：我们的中文学得越好，老师越高兴。

（二）操练一：句子转换

1. 我比以前吃得多了，也比以前胖了。→（参考答案：我越吃越胖。）
2. 我弟弟一年前只有五英尺高，半年前长到了五英尺三英寸，现在已经长到五英尺六英寸了。→（参考答案：我弟弟越长越高。）
3. 三年前她开始学芭蕾，什么都不会，后来她跳得好一点了，现在她芭蕾跳得比以前更好了。→（参考答案：她芭蕾越跳越好。）
4. 在这家店买东西，你买得多，价钱就便宜，你买得更多，价钱就更便宜。→
5. 班上的学生一天比一天多了，老师的工作量也一天比一天大了。→
6. 孩子一天一天大了，母亲也一天比一天更操心了。→

（三）操练二：完成句子

1．他每天练习打篮球，他篮球＿＿＿＿＿＿＿＿＿＿＿＿＿＿＿＿＿＿＿。
2．她每天练习说中文，她的中文＿＿＿＿＿＿＿＿＿＿＿＿＿＿＿＿＿＿。
3．他走了两个小时就累了，走了三个小时更累了，所以＿＿＿＿＿＿＿＿。
4．一般来说，商品的质量越好，价钱＿＿＿＿＿＿＿＿＿＿＿＿＿＿＿＿。
5．我的朋友总是喜欢买很贵的衣服，衣服越贵，她＿＿＿＿＿＿＿＿＿＿。
6．我妈总是叫我吃，我吃得越多，她＿＿＿＿＿＿＿。（提示：开心/高兴）

（四）操练三：回答问题

1．这本书你已经看了好几遍了，怎么还看？（参考答案：这本书我越看越觉得有意思。）
2．这首歌你听了很长时间了，怎么还在听？（参考答案：这首歌我越听越喜欢。）
3．这个问题你已经研究了一个星期了，怎么还没研究完呢？（参考答案：因为我越研究越不明白、这个问题越研究越复杂。）
4．你最近常常练习写作，这样练习有用吗？（参考答案：练习得越多，写得越好、越练习越好、越写越写不好……）

（五） 开放式活动：角色扮演

二人一组，扮演两个妈妈，互相比赛夸赞自己的孩子。

越来越……

一、教师须知

（一）语义、功能及注意事项

"越来越……"表示程度随时间的推移而变化（吕叔湘 1999, 640 页）。"越来越"后面只能用形容词或状态动词。另外，"越来越"后面不能用表示程度的副词作状语。例如：

1. *风越来越非常大了。
2. *我越来越很爱我的太太。

如果动词后有程度补语，这时，"越来越"要放在程度补语的前面，而不能放在动词的前面。例如：*她越来越忙得没时间吃饭了。

参考文献：卢福波（2000）；吕叔湘（1999）

（二）常见形式

a)

例句＼形式	其他成分	主语	越来越	形容词词组
1		我们的生活	越来越	好
2	这些天	他	越来越	紧张
3	经过研究	问题	越来越	清楚了

b)

例句＼形式	其他成分	主语	越来越	动词词组
1		我先生	越来越	关心我了
2	到了中国以后	他	越来越	喜欢中国菜了
3	学了十年中文	我	越来越	了解中国了

c)

例句＼形式	主语/话题	动词	得	越来越	形容词词组
1	雨	下	得	越来越	大了
2	现代人	活	得	越来越	长了
3	我的歌	唱	得	越来越	好

二、课堂操作程序

（一）语言点导入：问答式导入

（板书：越来越……）

老师：（做慢走状）我现在走得快不快？

学生：不快。
老师：（少加速）现在呢？
学生：快多了。
老师：（继续加速）现在呢？
学生：更快了。
老师：（指着板书）所以，你们可以说老师……
学生：老师越来越快。
老师：也可以说老师走得……（示意让学生再说一遍）
学生：老师走得越来越快。

（二）操练一：完成句子

1. 前天65度，昨天70度，今天75度，天气__________________。
2. 十分钟以前，教室里只有三个学生，两分钟以前教室里有十五个学生，现在教室里有二十个学生，教室里的学生____________________。
3. 老师原来有一百三十磅，去年变成一百二十磅，今年老师只有一百磅了，老师______________________。
4. 你刚学中文的时候，不太喜欢开口说中文，现在____________________。

（三）操练二：回答问题

1. 我听说小王原来只是有点儿感冒，后来送到医院去了，今天听说来了三个医生一起给她看病，你们说小王怎么了？（参考答案：她病得越来越严重）
2. 小张以前一点儿也不关心他太太，后来会问太太想吃什么，现在常常给太太做饭，你觉得小张对太太怎么样？（参考答案：他现在越来越关心他太太了。）
3. 我昨天晚上十点钟没回家，我妈给我打了一次电话，让我早点回去；十点半我还没回到家，妈妈打了三个电话，问我为什么还没回家，十一点钟我仍然没回家，妈妈又给我打了一个电话，说如果我再不回家，她就来找我了。你们说我妈妈为什么这么做呢？（参考答案：她越来越着急/不放心/生气……）
4. 在北京，为什么很多人只能租房子住？
5. 中国最近有什么变化吗？
6. 现在我们的环境有什么问题？

（四）开放式活动：介绍情况

谈谈你自己最近几个月或一两年的变化（学习、身体、爱好……）

再

一、教师须知

（一）语义、功能及注意事项

“再”是副词，本条目只讨论一种用法，即“表示一个动作（或一种状态）重复或继续。多指未实现的或经常性的动作”（吕叔湘 1999，642 页）。如有能愿动词，能愿动词应置于“再”的前面，时间状语在能愿动词的前边或后边均可。“再”所引出的动词性短语，常带有数量补语，如“一会儿、一遍、三次、一个”等。

参考文献：吕叔湘（1999）

（二）常见形式

形式 / 例句	小句	主语	（状语）	动词/能愿动词	再	动词性短语
1	这里环境舒适	我		打算	再	住一段时间
2	时间还早呢				再	等
3	这个电影真好看	我	（周末）	想	再	看两遍
4	你猜得不对			可以	再	猜一次
5		他们	什么时候	能	再	见面
6	我昨天给他打电话，他不在	我	（今晚）		再	给他打一个

二、课堂操作程序

（一）语言点导入：问答式导入

（板书“再”）

老师：（小声说一句话，故意不让学生听清楚，然后问学生）我说什么了？
学生：没听见。
老师：你不知道老师说什么了，但你想知道，你应该说什么？（指着板书）
学生：请再说一遍。

老师：电影还没有演完，可是下课的时间到了。如果你们想把它看完，你应该怎么说？（指着板书）
学生：我们想再看一会儿。

（二）操练一：句子转换

1. 他昨天来我的宿舍了，今天还想来。→
2. 我很累。今天早上喝了一杯咖啡，下课以后一定还得喝一杯。→
3. 这两天书店大减价，我已经买了两本小说了，今天下午还想去买两本。→

4. 他三年前去过北京，明年还想去。→
5. 我很喜欢昨天看的那个电影。今天晚上还想看。→
6. 别走了，在我家多住几天吧。→

（三）操练二：根据情景回答问题

1. 你的朋友唱歌唱得很好听，唱完一个以后，你还想听，你会说什么?
2. 你已经吃了三个苹果了，还想吃，你怎么说?
3. 你很喜欢这双鞋，打算去商店买一双一样的，怎么说?
4. 朋友来家里玩，要走的时候，中国人会说什么?

（四）开放式活动：谈谈你的新计划

谈谈你下个学期的学习计划和社交计划，譬如说，你想再修一门物理课；也想再交几个新朋友等。

再……就……

一、教师须知

（一）语义、功能及注意事项

“再……就……”用于假设句，表示某种推测、希望或警告。“再”用于动词或形容词之前，引出假定的条件或情况，后半句中用“就”呼应，引出相应的结果或后果。有时候“再”的前面可加上“要是、如果”等表示假设的连词。

（二）常见形式

a)

形式 例句	（主语 1）	(要是/如果) 再	动词词组 1	（主语 2）	就	动词词组 2
1	(你)	(要是)再	哭	妈妈	就	要生气了
2	(你)	(如果)再	帮一下忙	问题	就	能马上解决了
3	你	再	晚走一天		就	走不了了

b)

形式 例句	主语 1	(要是/如果)再	形容词词组/动词词组 1	(主语 2)	就	动词词组/形容词词组 2
1	他们的关系	再	紧张下去		就	麻烦了
2	入境签证	(要是)再	不申请	你	就	去不成中国了

二、课堂操作程序

（一）语言点导入：问答式导入

（板书“再……就……”）

老师：你的朋友病了，可是他不吃药，结果越来越不舒服，可是他还是不吃药，你想要是还不吃药，他的病会怎么样呢？你会告诉他什么？（指着板书）

学生：你再不吃药就好不了了。

老师：对，再不吃药病就更严重了。（指着板书，要学生换个形式说）

学生：你再不吃药，病就更严重了。

（二）操练一：句子转换

1. 不要玩了，开始复习吧，如果你继续玩，明天的考试就会考得很不好。→
2. 怎么还没给你的女朋友打电话？快点打吧，要不然她会生气。→
3. 环境这么糟糕，赶快想办法吧。如果还不想办法，生病的人会越来越多。→

（三）操练二：完成句子

1. 老师要是再多给我们一点时间，____________________________。
2. 要是每天再这么忙下去，________________________________。

3. 中国的环境问题再不受到重视，________________________________。
4. 就业的问题再不解决，____。

（四）操练三：按情景回答问题

1. 你朋友的汽车出了问题，可是仍然不想修，你该怎么跟你的朋友说?
2. 你的朋友不想戒烟，你觉得这样下去很危险。你会怎么劝他?
3. 你的朋友这两天都没有复习，可是明天就要口试了。你会怎么跟他说?

（五）开放式活动

1. 请说出中国现在还存在的问题，并说出你的担心。如下岗问题、贫富差距问题、人口问题等。
2. 你对中美关系充满信心，请说说中美之间的交往，并预测中美关系的未来。如经贸交流，文化交流等方面。

再……也/还是……

一、教师须知

（一）语义、功能及注意事项

"再"是副词，"用于让步的假设句，含有'即使'或'无论怎么'的意思，后面常用'也、还是'呼应"（吕叔湘 1999，642 页）。"再"的后面可以是动词或形容词，"再"的前面有时可用"即使、哪怕"等来加强语气。"再"与动词或形容词之间有时也可加"怎么"，但是如果后面是动词时，加与不加，在意义上有点不同，加了"怎么"有"用尽各种方式"的语义。

参考文献：吕叔湘（1999）

（二）常见形式

a)

形式 / 例句	主语 1	再(怎么)	形容词	主语 2	也/还是	动词词组
1	天	再	冷	我	也/还是	要去
2	问题	再怎么	复杂	我们	也/还是	要解决
3	车子	再	好		也/还是	不能这么开

b)

形式 / 例句	主语 1	再(怎么)	动词	主语 2	也/还是	动词词组	其他成分
1	（你）	再	等		也/还是	没用	他不会来
2	我	再怎么	解释	她	也/还是	不听	
3	你	再怎么	动员	他们	也/还是	不去	

二、课堂操作程序

（一）语言点导入：问答式导入

（板书"再（怎么）……也/还是……"）

老师：我天热的时候，只穿一件 T 恤衫，天冷的时候也只穿一件 T 恤衫，非常冷的时候，我还是只穿一件 T 恤衫，所以……（指着板书）

学生：天气再冷，你也只穿一件 T 恤衫。

老师：这个字我用毛笔写、用圆珠笔写或者用铅笔写都写不好看，我用了很多办法都写不好。所以这个字我……（指着黑板）

学生：这个字你再怎么写也写不好看。

（二）操练一：完成句子

1. 中文再难，＿＿＿＿＿＿＿＿＿＿＿＿＿＿＿。
2. 那些花看起来再漂亮，＿＿＿＿＿＿＿＿＿＿。
3. 我再怎么解释，＿＿＿＿＿＿＿＿＿＿＿＿＿。
4. 中国的人口再怎么控制，＿＿＿＿＿＿＿＿＿。
5. 这个难题，我们再怎么讨论，＿＿＿＿＿＿＿。

（三）操练二：根据情景完成对话

1.（老师提示：B很有钱。）
   A：这辆汽车这么贵，要十万美元，别买了。
   B：买，＿＿＿＿＿＿＿＿＿＿＿＿＿＿＿＿＿＿＿＿＿＿。
2.（老师提示：B非常想去那个地方。）
   A：那个地方太危险，别去了。
   B：不，＿＿＿＿＿＿＿＿＿＿＿＿＿＿＿＿＿＿＿＿＿＿。
3.（老师提示：B很喜欢吃东西。）
   A：那个菜里的油太多，别吃了。
   B：不，我要吃，＿＿＿＿＿＿＿＿＿＿＿＿＿＿＿＿＿＿。
4. A：这个计划，我们再讨论一下好吗？
   B：＿＿＿＿＿＿＿＿＿＿＿＿＿＿＿＿＿＿＿＿＿＿＿＿＿。
5. A：这个问题，我们换个方式，或是换一组人，再讨论一下，好吗？
   B：＿＿＿＿＿＿＿＿＿＿＿＿＿＿＿＿＿＿＿＿＿＿＿＿＿。

（四）开放式活动：描述

题目：描述你认识的一个“固执”或“执着”的人

例如：他想做一件事，但是困难非常多，可是……
　　　他病得很厉害，医生叫他休息，但是……

再也不 VP 了

一、教师须知

（一）语义、功能及注意事项

“再也不 VP 了”强调从说话时起，某一曾经发生过的行为或情况绝对不会“重复”或“继续下去”（吕叔湘 1999, 643 页），或从过去某个时间起，某一曾经发生过的行为或情况绝对没有再发生或出现过。因强调的是一种改变，句末必须有“了”。

本条目参考书目：刘月华等（2001）；吕叔湘（1999）

（二）常见形式

形式 / 例句	(时间词/表时间的短语)	主语	再也不	(能愿动词)	动词/动词词组	了
1	（以后）	我	再也不	喝	酒	了
2	今后	这样的事	再也不	能	发生	了
3	出了车祸以后	他	再也不	敢	开车	了

二、课堂操作程序

（一）语言点导入：问答式导入

（板书“再也不 VP 了”）

老师：有一个学生前天迟到了，昨天也迟到了，今天又迟到了。老师找他谈话，他会说什么？

学生：（老师指着板书带全班齐答）我再也不迟到了。

（二）操练一：完成句子

1. 这个地方一点都不好玩，______________________________。
2. 那家饭馆的菜不好吃，而且很贵，______________________。
3. 昨天是我第一次喝酒，今天我头疼得厉害，_____________。
4. 我这件衣服被干洗店洗坏了，__________________________。

（三）操练二：回答问题

1. 你迟到了好几次，老师找你谈话，你会跟老师说什么？
2. 你开车开得太快，警察要给你开罚单，你会跟警察说什么？
3. 你在一家饭馆吃了饭以后肚子很不舒服，你还会去这家饭馆吗？
4. 你买的电视看了两天就坏了，你还会买这个牌子的电视吗？

（四）开放式活动：角色扮演

学生两人一组，分别扮演丈夫和妻子。妻子要离婚，提出了丈夫很多让她不满意的方面。丈夫不愿意离婚，跟妻子说了很多“我再也不……了”。

再也没 V 过 O

一、教师须知

（一）语义、功能与注意事项

"再也没 V 过 O"一般用来强调从过去某个时间起到说话时止，某一曾经发生过的行为或情况绝对没有发生过或继续存在过。在使用这一句型时，一定有一个过去的时间作为参照点。此外，宾语在上下文清楚时可以省略。

本条目参考书目：刘月华等（2001）；吕叔湘（1999）

（二）常见形式

例句＼形式	过去某一时间	主语	再也没	动词	过	宾语
1	出院以后	老王	再也没	喝	过	酒
2	1992 年大学毕业以后	他们	再也没	见	过	面
3	开会的时候，他刚开口就被老板骂了一顿；后来	他	再也没	说	过	一句话
4	二十年前开过花以后	这株铁树	再也没	开	过	花

二、课堂操作程序

（一）语言点导入：问答式导入

（板书"再也没 V 过 O"）

老师：我是十年前大学毕业的。这十年，我都没回过母校。现在我非常想回去看看。你们知道为什么吗？

学生：（老师指着板书带全班齐答）因为你大学毕业以后，再也没回过母校。

（二）操练一：完成句子

1. 去年，他去过一次那家饭馆，吃坏了肚子。后来，他 ____________。
2. 两年前酒后开车出了车祸以后，老赵 ____________________________。
3. 小王跟小李结了婚以后，____________________________________。
4. 小王跟小李离了婚以后，____________________________________。

（三）操练二：回答问题

1. 你还常常跟你中学的历史老师见面吗？
2. 你常常去迪斯尼吗？
3. 你父母最后一次批评你是什么时候？后来呢？
4. 你最后一次哭是什么时候？后来呢？

（四）开放式活动：角色扮演

学生分别扮演大学毕业二十五周年聚会时的自己，互相谈谈这二十五年中的情况。如：大学毕业以后，我再也没跟你见过面。十年前我回来过一次，后来，我再也没回来过。……

再说

一、教师须知

（一）语义、功能及注意事项

"再说"是连词，"表递进关系，用在复句后一分句的开头"（刘月华等 2001, 332 页）。为的是引出新的理由或解释，使上文已经说明的理由更充分，更具说服力。例如：

A: 你为什么不去看电影？

B: 我今天比较忙，再说我也有点儿累。

"再说"不能用于陈述性的叙述。例如：

* 最近二、三十年中国改革开放的成果有目共睹，经济持续快速增长，对外交流不断扩大，再说政治气氛也较以往宽松。

本条目参考书目：刘月华等 （2001）

（二）常见形式

形式 例句	第一分句	再说	第二分句	表"果"的成分
1	衣服太贵了	再说	大小也不合适	所以就没买
2	他太紧张	再说	准备得也不太好	所以就没参加比赛
3	他没空	再说	现在跟他联系也来不及了	（所以我没请他）

二、课堂操作程序

（一）语言点导入：问答式导入

（板书"再说"）

老师：去饭馆吃饭很方便，你常去吗？

学生：我不常去。

老师：为什么呢？

学生：我没有很多钱。

老师：还有呢？

学生：饭馆的菜不太好吃。

老师：去饭馆吃饭很方便，你为什么不常去呢？

学生：（老师指着板书带学生回答）因为我没有很多钱，再说饭馆的菜也不太好吃。

（二）操练一：根据情景回答问题

1.（老师提示情景：洗衣机坏了/十点钟要开会。）

A：你为什么没洗衣服呢？

B：____________________ （洗衣机坏了，再说我十点钟要开会。）

2.（老师提示情景：最近太忙/还没决定申请不申请研究所）

A：你为什么不考 GRE 呢?

B： ________________（我最近太忙，再说还没决定申请不申请研究所。）

3.（老师提示情景：那部电影太长/是广东话的）

A：你为什么没看完那部电影?

B： ________________（那部电影太长，再说是广东话的。）

（三） 操练二： 完成对话

1. A：你不是去餐厅了吗？为什么没吃饭就回来了?

   B： ____________。（餐厅排队的人太多，再说今天的饭不太好吃）

2. A：你这么爱学中文，为什么不申请明年夏天去北京学习呢?

   B： ____________。（我喜欢这儿的老师，再说夏天我得工作）

3. A：那件衣服我觉得很好看，你为什么不买呢?

   B： ____________。（那件衣服的颜色我不太喜欢，再说太贵了）

（四） 操练三：问答问题

对下列情况作出进一步的说明或解释：

1. 听说晚会不开了，怎么回事?

   （提示：人太少/找不到合适的地方......）

2. 你以前的宿舍不错，你为什么搬到别的宿舍去了?

   （提示：房间太小/窗户不够大/没有厨房......）

（五） 开放式活动：邀请与拒绝

学生二人一组，一人想办法邀请另一个人去吃饭/看电影/跳舞……，另一个人则想办法拒绝。

这样

一、教师须知

（一）语义、功能及注意事项

"这样"可在句子中做主语、宾语或谓语，代替某种情况或动作。例如："这样很不好。"或"别这样，会让别人笑话。"亦可复指前一分句中的某种情况或动作，引出后一分句。例如："我向你道歉，这样行不行？"或"多问问老师，这样你才能搞清楚。"

参考文献：吕叔湘（1999）

（二）常见形式

a)

例句＼形式	主语	谓语	宾语
1	这样	好不好	
2	你们	别这样	
3	他	就喜欢	这样

b)

例句＼形式		这样	
1	你总是喝可乐	这样	对你身体不好
2	我们应该早一点儿出门	这样	就不会迟到了

二、课堂操作程序

（一）语言点导入：问答式导入

（板书"这样"）

老师：上课迟到好不好？
学生：不好。
老师：（指着板书示范并领说）这样不好。
老师：迟到不好。那上课应不应该迟到？
学生：不应该。
老师：（指着板书示范并领说）迟到不好，所以我们不应该这样。

老师：朋友请你去他家吃饭，应该早一点儿到，为什么？
学生：（可能回答）可以帮朋友的忙……
老师：（指着板书示范并领说）我们应该早一点儿到，这样可以帮朋友的忙。（老师再问，让学生一起说出句子。）

（二）操练一：完成对话

1. A: 我们在图书馆的书上写字行吗?
   B: 这样 ________________________________。
2. A: 我忙的时候常常不吃早饭。
   B: _________，你每天都应该吃早饭。（提示：这样对身体不好）
3. A：听说吃素比吃肉健康。我打算以后不吃肉了。
   B：________，蔬菜、肉都应该吃。（提示：这样也不一定好）
4. A: 我弟弟常常躺着看书。
   B：别让他 ________，这样看书对眼睛不好。
5. A: 我的老师每天都让我们听录音，我觉得没什么用。
   B：我觉得你应该听老师的话，________ 对你的中文有帮助。

（三）操练二：完成句子

1. A：我朋友每天晚上喝酒，你觉得好吗?
   B：我觉得这样____________，因为 __________________。
2. A：我很想上课的时候吃东西。
   B：你别______________，要不然 ____________________。
3. 我想找一个同屋，这样 ________________________________。
4. 明天是周末，我今天晚上要把功课都做完，这样 _______。
5. 放假的时候我想出国旅行，这样 ____________________。
6. 我们得多跟邻居来往，这样 _________________________。

（四）操练三：回答问题

1. 和朋友一起去看电影，你为什么要早一点儿到?
2. 学中文，最好多做什么？为什么？（交中国朋友/多跟老师说话/听录音带）
3. 我们为什么得买汽车保险?
4. 中国为什么要改革开放/实行计划生育政策?

（五）开放式活动：角色扮演

学生两人一组，一个扮演妈妈，一个扮演女儿。母女之间的看法不同。

例如：

妈妈：你不应该这么晚才回家，你这样让我很生气。
女儿：我已经长大了，我这样有什么不对？我的朋友都是这样。
妈妈：……

值得

一、教师须知

（一）语义、功能及注意事项

“值得”是动词，要表达的意思有二，一是表示价钱是合算的，二是表示花功夫、精力或金钱做某事有价值，有意义。

（二）常见形式

a)

例句＼形式	名词词组/动词词组/小句	程度副词/不	值得
1	一台新电脑五百块美金	很	值得
2	你们为这么小的事争吵	真不	值得
3	花时间陪家人		值得

b)

例句＼形式	名词词组/小句	程度副词/不	值得	动词/动词词组/小句
1	那位同事认真工作的态度	很	值得	学习
2	环保议题		值得	仔细研究
3	这部电影拍得很差	不	值得	大家一看再看
4	这件衣服		值得	买

二、课堂操作程序

（一）语言点导入：问答式导入

（板书“值得”）

老师：（给学生出示笔记本电脑的图片）听说这种笔记本电脑降价了，五百块一台，我应不应该买?
学生：应该买。
老师：为什么?
学生：因为很便宜。
老师：对。我们也可以说（指着板书）……
学生：五百块买一部笔记本电脑很值得。
老师：可是有人说这样的电脑质量不太好，不应该买。
学生：是。
老师：那我们也可以说（指着板书）……
学生：这种电脑质量不太好，不值得买。

（二）操练一：句子转换

1. 虽然学习外语很花精力和时间，但很有意义。→
2. 花一千块美元买一件T恤衫不合算。→
3. 这本书内容丰富，你应该看，对你一定有好处。→
4. 你认为研究语法有价值吗？→

（三）操练二：完成对话

1. A：你昨天看的那部电影怎么样？我还没看过。
   B：____。
2. A：听说他花了一百万买了一辆摩托车。
   B：____。
3. A：出国念博士，会跟家人分开几年，还会花不少钱，你觉得我应该去吗？
   B：____。
4. A：最近老王工作特别忙，结果把身体累坏了，现在都进了医院了。
   B：____。

（四）操练三：完成句子

1. 这件外套质量非常好，只卖二十块钱，________________。
2. 环保问题____。
3. 坐五个小时飞机去纽约看一场歌舞剧________________。
4. ____________________________________，真不值得。

（五）开放式活动：角色扮演

两人一组，扮演一对父母正为孩子的智力投资烦恼，不知道应该怎么做才能给孩子一个最好的学习环境和未来。

只好

一、教师须知

（一）语义、功能及注意事项

"只好"是副词，"表示没有别的选择；不得不"（吕叔湘 1999, 679页）。通常用来表示一种无奈的选择。"只好"跟"只得"的用法相同，但比"不得不"的语气轻一些。

参考文献：吕叔湘（1999）

（二）常见形式

形式 例句	第一分句	第二分句		
		(主语)	只好	谓语
1	我右脚摔坏了		只好	用一只脚走路
2	老王得了很严重的病，没有办法继续工作	他	只好	辞了职养病
3	我的车子在半路上坏了	我	只好	走回家

二、课堂操作程序

（一）语言点导入：问答式导入

（板书：只好）

老师：（用左手在黑板上写几个字）我的右手很疼，可是我还是得写字，所以现在我怎么样？

学生：（老师指着板书带学生齐说）你的右手很疼，所以你现在只好用左手写字。

（二）操练一：完成句子

1. 昨天我回宿舍的时候，发现钥匙丢了，进不了门，我________________。
2. 昨天足球比赛的时候下了一场大雨，比赛无法举行，________________。
3. 今天来听演讲的人太多了，我找不到位子坐下来，________________。
4. 我跟老王约好三点钟见面，可等到三点半他还没来，我________________。
5. 由于女朋友的妈妈不同意他们结婚，老王和他的女朋友________________。
6. 老王得了很严重的病，没有办法继续工作，他________________。
7. 那家公司拖欠了银行五千万元贷款，由于无法还贷，________________。

（三）操练二：回答问题

1.上课时你忘了带课本，怎么办?

2.你的车在半路上坏了，怎么办?

3.你去朋友家看朋友，可是他不在家，你怎么办?

4.今天你做东，请朋友去饭馆吃饭，吃完后却发现自己忘了带钱，怎么办?

5.我的父母没有足够的钱为我付大学的学费，我怎么办?

6.我的邻居晚上总是大吵大闹，我提醒过他很多次，可他不听，我怎么办?

（四）开放式活动：叙述

跟朋友谈谈你经历过的几次无奈的选择。

只要……就……

一、教师须知

（一）语义、功能及注意事项

“只要……就……” 表达的是某必要条件（但非唯一条件）与某结果之间的必然关系，也就是说如果具备某条件（见常见形式 a）或在某范围内（见常见形式 b, c），就一定会出现或产生某结果。常见形式 b 与 c 的区别，主要是 b 中“只要+是”所引导的部分是全句的主语，而 c 中，“只要+是”所引导的部分是后面动词词组的前置宾语。

“只要”小句中的主语可以出现在“只要”前，也可以出现在“只要”后。另外，如果全句只有一个主语，那么这个主语既可以出现在“只要”小句中，也可以直接放在“就”前。

参考文献：侯学超（1998）；吕叔湘（1999）

（二）常见形式

a)

形式 / 例句	主语 1	只要	动词词组	主语 2	就	能愿动词	动词词组
1	你	只要	努力		就	能	学好中文
2		只要	不下雨	我們	就		出去玩儿
3		只要	不在乎钱		就	会	比较快乐

b)

形式 / 例句	只要	是	名词词组	就	动词词组
1	只要	是	我认识的人	就	可以来参加我的生日晚会
2	只要	是	生在美国的人	就	是美国公民
3	只要	是	私立学校	就	比较贵

c)

形式 / 例句	只要	是	名词词组	主语	就	动词词组
1	只要	是	历史方面的书	我	就	喜欢看
2	只要	是	你的朋友	我	就	请
3	只要	是	猪肉做的菜	我	就	不吃

二、课堂操作程序

（一）语言点导入：问答式导入

（板书“只要……就……”）

老师：你们觉得英文难不难？

学生：不难。

老师：可是我觉得英文很难学，怎么办？

学生：你应该多练习/你应该常常跟美国人谈话/你应该上英文课……

老师：太好了，我觉得我大概也能学好。你们说对不对？（指着板书）

学生：（老师指着板书带全班齐说）对，只要多练习，您就能学好。

（二）操练一：完成句子

1. 你只要在考试前好好准备，______________________。
2. 只要多运动，______________________________。
3. 只要会说外语，____________________________。
4. ____________________，我就买。
5. ____________________，我父母就会很高兴。

（三）操练二：回答问题

1. 什么事会让你很高兴？
2. 你们什么时候可以问老师问题？
3. 听说下午可能会下雨。要是下雨，足球比赛会不会取消？
4. 不管什么报纸杂志都能回收，是不是？

（四）开放式活动：角色扮演

一位指导老师和一个学生谈论学习方法。扮演指导老师的人从“上课、做功课、准备考试”等方面来鼓励扮演学生的人。

只有……才……

一、教师须知

（一）语义、功能及注意事项

“只有”跟“才”搭配，含“只有”的前一小句，是后边“才”带出的情况出现的惟一条件。有时“得、必须、要”等也可代替“只有”用于前一小句中，但语气不如“只有”那么强（见常见形式 a）。“只有”与“才”搭配，也可以用来限定范围（见常见形式 b）。含有“才”的小句中常有“会、能、可以、可能”等能愿动词。

“只有”必须用于所强调的成分之前，例如：

1. 你只有跟他好好道歉，他才会消气。

（强调应该“好好道歉”，没有别的办法可以让他消气）

2. 只有你跟他好好道歉，他才会消气。

（强调“你”跟他道歉才行，别人道歉都不行。）

参考文献：侯学超（1998）；吕叔湘（1999）

（二）常见形式

a) 全句只有一个主语时，该主语可以出现在句首或“才”之前

形式 / 例句	主语 1	只有	动词词组	主语 2	才	(否定词+)能愿动词	动词词组
1	我	只有	跟他一起去	他	才	不会	迷路
2	你	只有	吃药	病	才	可能	好
3	我们	只有	开车去		才	能	三点以前到

b)

形式 / 例句	主题	只有	时间/地点/前置宾语	主语	才	(否定词+)能愿动词	动词词组
1		只有		二十一岁以下的人	才	不能	喝酒
2		只有	今天下午三点	你	才	能	在办公室见到他
3	每年	只有	五月到九月	这个国家公园	才		开放
4	美国	只有	东南沿海		才		有飓风
5		只有	爷爷的话	他	才	肯	听

二、课堂操作程序

（一）语言点导入：问答式导入

（板书“只有……才……”）

老师：每天都不学习，你能考好吗？

学生：不能。

老师：那怎么才能考好？

学生：得好好学习。

老师：对。怎么才能考好？

学生：（老师指着板书带全班齐说）只有好好学习才能考好。

（二）操练一：完成句子（1, 2, 3 参照常见形式 a; 4, 5, 6 参照常见形式 b）

1. 我们只有常常运动________________________。（提示：身体才会健康）
2. 只有发展经济____________________________。（提示：人民的生活才能好）
3. 你只有提前订房间________________________。
4. 只有学过法文的人________________________。
5. 只有名牌衣服____________________________。
6. 只有在美国出生的人______________________。

（三）操练二：回答问题（1, 2, 3 参照常见形式 a; 4, 5, 6 参照常见形式 b）

1. 怎么做身体才能健康？
2. 怎样才可能了解中国文化？
3. 在美国，十五岁的人能开车吗？
4. 在中国，每个城市都有地铁吗？美国呢？
5. 学中文的人都能当翻译吗？
6. 怎样才能解决环境问题？

（四）开放式活动：角色扮演

角色 A：你是高中一年级的学生，平时学习不太努力，想上最好的大学，但不知道怎么准备，来问辅导老师。

角色 B：你是辅导老师。为了激励学生 A 努力学习，告诉他/她好大学不容易申请，他/她应该在哪些方面努力。

至于

一、教师须知

（一）语义、功能及注意事项

“至于”是介词，用来引出一个议论中的新话题。有时带转折意义，语气较为委婉。在语义上，“至于”前后的话题相关；在结构上，“至于”后边可以是代词、名词、短语或小句。

参考文献：刘月华等（2001）；吕叔湘（1996）

（二）常见形式

形式 例句	句子（话题）	至于	代词/名词/短语/小句（新话题）	新话题的评论句
1	我明年一定要去中国	至于	他要不要去	我不大清楚
2	我朋友对中国现代文学很有研究	至于	中国古典文学	他还得下功夫

二、课堂操作程序

（一）语言点导入：问答式导入

（板书语言点“……，至于……”）

老师：姚明打篮球打得很好。他打乒乓球打得怎么样，你们知道不知道？

学生：（老师指着板书带全班齐说）姚明打篮球打得很好。至于他打乒乓球打得怎么样，我们不知道。

（二）操练一：句子转换

1. 他的第一本书写得很好，第二本书我不知道写得怎么样。→
2. 她非常喜欢教书这个职业，钱多不多，她不在乎。→
3. 中国的经济发展得很快，可是环保问题还没有受到足够的重视。→

（三）操练二：完成句子

1. 我明年要去中国，至于他们____________________________。
2. 我明年要去中国，至于今年____________________________。
3. 我要去旅行，至于怎么去/去哪儿_______________________。
4. 北京、南京我都喜欢，至于（上海）____________________。
5. 他对人类学很有研究，至于（语言学）__________________。

（四）操练三：回答问题

1. 你现在在学中文。明年呢？
2. 你现在做什么工作？以后还会做这个工作吗？

3. 李老师教书教得很好，他个人的爱好是什么?
4. 王老师教书教得好，他唱歌唱得怎么样?
5. 中国经济发展得很快，农民的生活怎么样呢?
6. 中国进行了经济改革，政治改革呢?
7. 中国的经济发展了，环境呢?

（五）开放式活动：讨论

请你给你的同学介绍一个你熟悉的城市的情况，优缺点都要说。例如：交通、环境、人口、气候、食物、安全，等。

自从……以后/以来

一、教师须知

（一）语义、功能及注意事项

“自从”是介词，“限指过去的时间起点”（吕叔湘 2003, 694 页）。本时间起点，相对来说，离说话时比较久远。可与表示年月日的名词、名词词组、动词、动词词组或小句构成介词短语，用于主句前面。“自从……以后”表示主句中的情况发生在过去某一动作或事件之后，说的可能是以前的事，也可能是现在的事；“自从……以来” 表示主句中的情况是从过去某一时间开始的，并且一直持续到说话的时候。例如：

1. 自从上大学以后，他十多年没有过回家，去年才第一次回去。
2. 自从上大学以来，他一直感到很快乐。

参考文献：吕叔湘（2003）

（二）常见形式

形式 例句	自从	名词/名词词组 动词/动词词组/小句	以后/以来	主句
1	自从	去年三月	以后	我就跟他断了联系
2	自从	看了李小龙的电影	以后	他就迷上了武术
3	自从	参加工作	以来	我一天假也没休过
4	自从	他搬进我们宿舍	以来	我还没有睡过一个好觉呢

二、课堂操作程序

（一）语言点导入：问答式导入

（板书“自从……以后/以来”）

老师：学中文以前, 你会写汉字吗?
学生：学中文以前，我不会写汉字。
老师：那现在呢?
学生：（老师指着板书带全班齐说）自从学了中文以后, 我就会写汉字了。

老师：（问一个学生）你会开车吗?
学生：会，我会开车。
老师：你是多大开始开车的?
学生：十六岁。
老师：他开车吗?
学生：（老师指着板书带全班齐说）自从十六岁以来，他就一直开车了。

（二）操练一：句子转换

1．她是十年前搬到郊区去的。从那时起，她开始开车。→
2．他是十年前来中国工作的。来到中国以后，他的中文水平提高了。→
3．我十岁的时候开始学中文，现在还在学。→
4．他从 1995 年开始练太级拳，每天都练，没有停止过。→

（三）操练二：完成句子

1．自从退休以后，他 ______________ （上老年大学）。
2．自从去年五月以来，______________（天气很好）。
3．自从上了大学以来，我 ______________ （学中文）。
4．______________， 我每天都到他家去看望他。
5．______________，这儿的天气怎么样?
6．______________， 我弹钢琴弹了十年了。

（四）开放式活动：谈变化

1．谈一谈学中文以后，你的生活发生了什么变化。
2．谈一谈改革开放以来，中国社会的变化。

总之……

一、教师须知

（一）语义、功能及注意事项

“总之”是连词，表示“总括起来说”（吕叔湘 1999, 698 页）。“总之”有两个作用：

1. “总结上文”（698 页）。“总之”之前列举的部分通常都有三者或三者以上。这一部分可以由单词、词组或者句子组成，“总之”后边通常用“都”加以总结。例如：大学毕业后有人考研，有人出国深造，有人工作，总之，大家都有自己的计划。
2. “表示概括性的结论，含有‘反正’的意思”（698 页）。“总之”之前说明的部分通常是一个句子。例如：你怎么解释都没用，总之，我不同意这个方案。

参考文献：吕叔湘（1999）

（二）常见形式

a)

形式 / 例句	上文	总之	总结
1	北京车多、上海人多、广州路窄	总之	中国各大城市的交通都存在严重的问题
2	打球、游泳、爬山、跑步	总之	大学生的运动多种多样
3	他们这些人有的喜欢吃甜的、有的喜欢吃辣的、有的喜欢吃酸的	总之	众口难调

b)

形式 / 例句	上文	总之	结论
1	我记不清他什么时候来的，好像是三年前的这个时候吧	总之	他确实来过
2	不要再问了	总之	我不会告诉你
3	这份工作不管你喜欢不喜欢	总之	你得认真完成

二、课堂操作程序

（一）语言点导入：问答式导入

（板书“总之”）

老师：你用电子邮件写信吗?

学生 1：用。
老师：你呢？
学生 2：也用。
老师：你也用电子邮件写信吗？
学生 3：也用。
老师：现在人人都用电子邮件写信。（指着板书）我们可以说……
学生：总之，现在人人都用电子邮件写信。

老师：听说从纽约去费城开车一个小时，够吗？
学生：够。
老师：坐火车也能到，是吗？
学生：是。
老师：坐长途汽车呢？
学生：也能到。
老师：坐哪班长途汽车去，你知道吗？
学生：不知道。
老师：你不知道坐哪班长途汽车去，但是从纽约去费城很容易，对不对？
学生：对。
老师：因此你可以说……（指着板书）
学生：我不知道坐哪班长途汽车去，总之，从纽约去费城很容易。

（二）操练一：句子转换

1. 学习要努力；工作要努力；打球也要努力。做任何事情都要努力才能做好。→
2. 毕业以后，有人当老师，有人当律师，有人当了医生。大家都找到了工作。→
3. 前天刮风；昨天下雨；听说明天还要下冰雹。这几天天气都不好。→
4. 女朋友喜欢看电影，他也喜欢看电影；女朋友喜欢唱歌，他也喜欢唱歌；女朋友喜欢游泳，他也喜欢游泳。他的女朋友喜欢的他都喜欢。→

（三）操练二：完成句子

1. 我喜欢吃苹果、香蕉、桔子，______________________________。
2. 他去过中国、法国、日本、南非，____________________________。
3. 从这儿你可以坐汽车去，可以坐飞机去，也可以坐火车去，____________。
4. 我哥哥在学习中文，我弟弟也在学习中文，我爸妈也在学习中文，____________________________________。
5. 中国政府目前需要解决人口问题、环境污染问题、住房问题、教育问题等，____________________________________。
6. 对这个问题，有人赞成，有人反对，有人怀疑，____________________。

（四）操练三：完成对话

1. A：你听说大学录取你的时候是一种什么心情？
   B：我也说不清楚，____。

2. A：那部电影很有意思，你今天晚上也没有什么事，另外小王也要去。你还是跟我们一起去吧。

B：不管你怎么说，______________________________。

3. A：他今天来还是明天来?

B：我也忘了，______________________________。

4. A：你认为打球好还是游泳好?

B：这很难说，______________________________。

（五）开放式活动：比较

1. 说说用手机有哪些好处或不足之处。
2. 比较一下住在学校宿舍与住在校外各有什么优缺点。

存现句：描写性存现句（1）

一、 教师须知

（一）语义、功能及注意事项

存现句可分为两类，一类表示人或事物的存在，是描写性的；一类表示人或事物的出现或消失，是叙述性的。表处所或时间的词语总是位于存现句句首，而"表存在、出现或消失的人或事物的名词词组总是位于谓语动词后"。（刘月华等2005，719页）

本条目讨论三种主要的描写性存现句结构中的两种："某处有某人/某物"及"某处是某人/某物"。

"某处有某人/某物"说明在"某处"有什么人或什么事物。"某处是某人/某物"说明在"某处"的人或事物是谁或是什么；换言之，说话者已经知道"某处"有人或事物，然后用"'某处'"是"'某人/某物'"结构指出是什么人或什么事物。

此外，"某处有某人/某物"结构不具有排他性，而"某处是某人/某物"结构具有排他性，即，用"有"时表示此处并不排除还可能有其他人或事物，而用"是"时，则表示此处除了已经点明的人或事物以外没有其他人或事物。

参考文献：刘月华等（2005）

（二）常见形式

a)

形式 / 例句	表处所的词语	有	名词词组
1	学生中心后面	有	一个足球场和几个网球场
2	教室里	有	桌椅和一些教具

b)

形式 / 例句	表处所的词语	是	名词词组
1	桌子上面	是	他的几本书
2	黑板前面	是	一张大桌子

二、课堂操作程序

（一）语言点导入：问答式导入

（板书"某处有某人/某物"；"某处是某人/某物"）

老师：（课前在桌子上放一本书，用报纸盖住）报纸下面有没有东西?

学生：有。

老师：（再问一遍）报纸下面有没有东西?

学生：（老师指着板书带全班齐答）报纸下面有东西。

老师：我们都知道报纸下面有东西，是什么东西，你们知道吗?

学生：不知道。

老师：（老师把报纸掀开，然后问）报纸下面是什么东西?

学生：（老师指着板书带全班齐说）报纸下面是一本书。

（二）操练一：回答问题

1. 我们的教室里有什么?
2. 你的房间里有什么?
3. 那边的墙上有什么?
4. 我的眼睛不太好，窗户外边是什么?
5. （老师在地上放一本书）地上有个东西，是什么?
6. （老师准备一张名人的照片）这张照片上是什么人?

（三）操练二：看图说话

老师准备一张咖啡馆或图书馆或其他场所的图片，请学生描述在那个地方有什么。

（四）开放式活动：分组描述

学生分组，互相用存现句通过问答方式描述各自的房间里有什么东西，然后说说自己房间对面、左边、右边是谁的房间。

存现句：描写性存现句（2）

一、教师须知

（一）语义、功能及注意事项

存现句可分为两类，一类表示人或事物的存在，是描写性的；一类表示人或事物的出现或消失，是叙述性的。表处所或时间的词语总是位于存现句句首，而“表存在、出现或消失的人或事物的名词词组总是位于谓语动词后”（刘月华等2005，719页）。

本条目讨论三种主要的描写性存现句结构中的一种：“某处+动词+着+某人/某物”（刘月华等2005，722页）。

“某处+动词+着+某人/某物”说明在“某处”有什么人或什么事物，其中的动词说明某人或某事物以何种方式存现。例如，“车里有一个人。”与“车里躺着一个人。”“车里坐着一个人。”的不同在于第一个句子只指出车里有一个人，第二句、第三句中的动词则明确指出这个人躺在车里、坐在车里。

参考文献：刘月华等（2005）

（二）常见形式

形式 / 例句	表处所的词语	动词	着	名词词组
1	东面的墙上	挂	着	一幅中国画
2	他身上	披	着	一件风衣
3	草地上	坐	着	一群学生

二、课堂操作程序

（一）语言点导入：问答式导入

（板书“某处+动词+着+某人/某物”）

老师：（给学生看一张图片，上面有一张长椅，长椅上躺着一个人）这张长椅上有没有人？

学生：有。

老师：他坐在长椅上，是不是？

学生：不是。

老师：你要告诉我这张长椅上有一个人，他躺在那儿，可以说……

学生：（老师指着板书带全班齐说）长椅上躺着一个人。

老师：（再给学生看一张图片，上面有一张长椅，长椅上坐着一个人）这张长椅上有没有人呢？

学生：也有。

老师：他躺在椅子上，是不是？

学生：不是。

老师：你要告诉我长椅上有一个人，他坐在那儿，可以说……

学生：（老师指着板书带全班齐答）长椅上坐着一个人。

老师：（再给学生看长椅上躺着人的图片和长椅上坐着人的图片，以求对比。高举长椅上躺着人的图片，问学生）这张长椅上怎么样?

学生：这张长椅上躺着一个人。

老师：（高举长椅上躺着人的图片，问学生）这张呢?

学生：这张长椅上坐着一个人。

（二）操练一：看图说话

（老师准备一些图片，学生看图后用“某处+动词+着+某人/某物”做描述）

1.（椅子上坐着一位老人，旁边趴着一条狗）
2.（一个人手里拿着一本书，书上写着几个字）
3.（草地上站着几名学生，还坐着几名学生）
4.（身上穿着一件T恤衫，头上戴着一顶帽子）

（三）操练二：看图说话

老师准备一张咖啡馆或图书馆或其他场所的图片，请学生用“某处+动词+着+某人/某物”描述在那个地方有什么。

（四）开放式活动：分组描述

学生分组互相用存现句通过问答方式描述教室。提示学生用“挂、贴、站、坐、放、摆”等动词。

存现句：叙述性存现句（3）

一、教师须知

（一）语义、功能及注意事项

存现句可分为两类，一类表示人或事物的存在，是描写性的；一类表示人或事物的出现或消失，是叙述性的。表处所或时间的词语总是位于存现句句首，而"表存在、出现或消失的人或事物的名词词组总是位于谓语动词后"（刘月华等 2005，719页）。

本条目讨论叙述性存现句结构："某处+动词+（了/）趋向补语+某人/某物"。在此结构中可以加表示时间的词语。

注意句首的时间词或处所词前一般不用介词"在"；此外，句中表出现或消失的人或事物的词语不确指，例如，不能说"对面走来了他。"

参考文献：刘月华等（2005）

（二）常见形式

形式 例句	表处所的词语 （可有表时间的词语）	动词	(了/)趋向补语	名词词语
1	明年，我们学校会	来		一位新老师
2	动物园去年冬天	死	了	一只老虎
3	对面	开	过来	一辆汽车
4	这条街上今年	搬	走了	五户人家

二、课堂操作程序

（一）语言点导入：问答式导入

（板书"某处+动词+（了/）趋向补语+某人/某物"）

老师：现在我们学校一共有五位中文老师，明年会有一位新老师。（老师视实际情况调整数字。）我们可以说……

学生：（老师指着板书带全班齐说）明年我们学校会来一位新老师。

老师：王老师是 2005 年来我们学校的。（老师视实际情况调整姓和年。）我们可以说……

学生：2005 年我们学校来了王老师。

老师：（更正学生）不能说"来了王老师"，这个句型不能说特指的人或者东西。可以用"一位新老师"。怎么说呢?

学生：（老师指着板书带全班齐说）2005 年我们学校来了一位新老师。

老师：明年呢?

学生：（老师指着板书带全班齐说）明年我们学校还会来一位新老师。

（二）操练一：完成句子

1. 这所学校以前的校长去别的学校了，现在________________________。
2. 我们学校学中文的学生增多了，所以明年________________________。
3. 这个地区的学校都很好，所以最近几年__________________________。
4. 我正想过马路的时候，从右边_________________________________。

（三）操练二：看视频说话（老师课前准备好相关视频片断）

1. （公共汽车进站）
2. （某人走进房子）
3. （某人走出房子）
4. （汽车从马路边开过，路边有人）

（四）开放式活动：说明或描述

用“某处+动词+（了/）趋向补语+某人/某物”说说最近几年你家附近有什么变化。

时量补语（1）

一、教师须知

（一）语义、功能及注意事项

时量补语为表示动作或某种状态持续时间长短的补语，一般用在动词或表示可持续状态的形容词后面，补充说明该动作或状态持续的时间。时量补语一般由数词与时间词语构成的表时段的短语来充当。

这里分别例释三种时量补语常见结构。本条目讨论“（动词+宾语）动词+时量补语”结构和“形容词+时量补语”结构，如“她每天都（看书）看三个小时。”和“夏天，我们这儿的天气一般会热两三个月。”在有动词和宾语的句子中，“动词+宾语”在上下文清楚时可以省略。此外，宾语可前置，做主题。

如果时量补语前加“了”、时量补语后不加“了”，表示动作或状态是在过去某段时间持续并完成的（见常见形式例 2）。如果时量补语前加“了”、时量补语后也加“了”，表示动作或状态在过去某时开始并持续到目前（见常见形式例 3）。注意不能时量补语前不加“了”、时量补语后加“了”，如：*我写作业两个小时了。

参考文献：刘月华等（2005）

（二）常见形式

形式 / 例句	主语	其他成分	（动词+宾语）	动词/形容词	（了）	时量补语	（了）
1	他	每天	（睡觉）	睡		八个小时	
2	我	昨天	玩游戏	玩	了	一个小时	
3	他		（跑步）	跑	了	三十分钟	了
4	他	明年要在中国		工作		两个月	
5	天气	已经		冷	了	好几天	了
		可能还会		冷		一段时间	

二、课堂操作程序

（一）语言点导入：问答式导入

（板书“（动词+宾语）动词+时量补语”）

老师：我们每天十一点上课，十二点下课。十一点到十二点是一个小时。我们可以说……

学生：（老师指着板书带全班齐说）我们每天上课上一个小时。

老师：昨天怎么样？

学生：（老师指着板书带全班齐答）昨天我们上课上了一个小时。

老师：现在几点了？

学生：现在十一点半了。
老师：所以今天我们……
学生：（老师指着板书带全班齐答）今天我们上课上了半个小时了。

（二）操练一：句子转换

1. 他每天六点开始吃晚饭，七点半吃完。→
2. 每天晚上九点到九点半，他都跑步。→
3. 我昨天是十一点睡的觉，今天是七点起的床。→
4. 我上个星期一的考试是从中午 12 点到下午 2 点。→
5. 三个月以前我开始学中文了，现在我还在学。→
6. 十年以前我第一次打网球，现在我还常常打。→

（三）操练二：回答问题

1. 你每天睡多长时间？
2. 你每天吃中饭吃多长时间？
3. 你为什么说你爱学中文？
4. 昨天你睡得怎么样？
5. 昨天你学中文了吗？
6. 今天很热，明天、后天也很热。大后天就不热了。天气还会热吗？

（四）开放式活动：学生问答

1. 每个人的生活习惯、学习习惯都不一样。请你问问你的同学他/她每天都做什么？做多长时间？
2. 请你问问你的同学昨天晚上他/她做了什么？做了多长时间？
3. 请跟你的同学谈谈你的爱好。例：我打网球打得还可以，我已经打了十年了。

时量补语（2）

一、教师须知

（一）语义、功能及注意事项

时量补语为表示动作或某种状态持续时间长短的补语，一般用在动词或表示可持续状态的形容词后面，补充说明该动作或状态持续的时间。时量补语一般由数词与时间词语构成的表时段的短语来充当。

这里分别例释三种时量补语常见结构。本条目讨论“动词+时量补语”（的）宾语”结构（刘月华等 2005, 620 页），如“她每天都看三个小时（的）书。”

如果时量补语前加“了”、宾语后不加“了”，表示动作是在过去某时开始、持续并完成的（见常见形式例 2）。如果时量补语前加“了”、宾语后也加“了”，表示动作在过去某时开始并持续到目前（见常见形式例 3）。注意不能时量补语前不加“了”、宾语后加“了”，如：*我学两年中文了。

参考文献：刘月华等（2005）

（二）常见形式

形式 / 例句	主语	其他成分	动词	（了）	时量补语	（的）	宾语	（了）
1	他	每天	睡		八个小时	（的）	觉	
2	我	刚才	看	了	一个小时	（的）	书	
3	他		学	了	两年	（的）	中文	了

二、课堂操作程序

（一）语言点导入：问答式导入

（板书“动词＋时量补语（的）宾语”）

老师：我们每天十一点上课，十二点下课。十一点到十二点是一个小时。我们每天怎么样?

学生：（老师指着板书带全班齐答）我们每天上一个小时课。

老师：昨天怎么样?

学生：（老师指着板书带全班齐答）昨天我们上了一个小时课。

老师：现在几点了?

学生：（例）现在十一点半了。

老师：所以今天我们……

学生：（老师指着板书带全班齐说）今天我们上了半个小时课了。

（二）操练一：句子转换

1. 他每天六点开始吃晚饭，七点半吃完。→
2. 每天晚上九点到九点半，他都跑步。→

3. 我昨天是十一点睡的觉，今天是七点起的床。→
4. 我上个星期一的考试是从中午 12 点到下午 2 点。→
5. 三个月以前我开始学中文了，现在我还在学。→
6. 十年以前我第一次打网球，现在我还常常打。→

（三）操练二：回答问题

1. 你每天睡多长时间觉?
2. 你每天吃多长时间晚饭?
3. 昨天你睡得怎么样?
4. 昨天你学中文了吗?
5. 你学了多久中文了?
6. 你上了多久大学了?

（四）开放式活动：学生问答

1. 每个人的生活习惯、学习习惯都不一样。请你问问你的同学他/她每天都做什么？做多长时间?
2. 请你问问你的同学昨天晚上他/她做了什么？做了多长时间?
3. 请跟你的同学谈谈你的爱好。例：我很喜欢画油画儿，已经学了十多年了。

时量补语（3）

一、教师须知

（一）语义、功能及注意事项

时量补语为表示动作或某种状态持续时间长短的补语，一般用在动词或表示可持续状态的形容词后面，补充说明该动作或状态持续的时间。时量补语一般由数词与时间词语构成的表时段的短语来充当。

这里分别例释三种时量补语常见结构。本条目讨论“事件+时量补语+了”结构，如“她结婚两年了。”这个结构表示某事件发生所引发的某种状态一直持续到目前。注意如果时量补语前有“才”、“刚”、“只有”等表示时间短的词语时，句尾不能用“了”；这时，句子的意思仍是某事件发生所引发的某状态一直持续到现在。

参考文献：刘月华等（2005）

（二）常见形式

例句 \ 形式	主语	动词	其他成分	时量补语	（了）
1	他	毕业	已经	八年	了
2	他们	认识		三十多年	了
3	我	上	大学	一年多	了
4	他	来	中国	三个星期	了
5	我们	结婚	才	一个月	

二、课堂操作程序

（一）语言点导入：问答式导入

（板书“事件+时量补语+了”）

老师：三个月以前，你们认识我吗？（老师视实际情况调整时间段的长度）

学生：不认识。

老师：九月我们认识了。我们可以说……

学生：（老师指着板书带全班齐说）我们认识你三个月了。

老师：（故意说）你们认识我已经两年了，对不对？

学生：（老师指着板书带全班齐答）不对，我们认识你才三个月。

（二）操练一：句子转换

1. 我是去年六月认识他的。→
2. 我是六年以前搬到北京的。→
3. 他两个月前去北京了，现在还没回来。→
4. 我姐姐是前年结的婚。→

（三）操练一：回答问题

1. 我们是什么时候认识的？我们认识多久了？
2. 你高中毕业多久了？
3. 你爸爸妈妈结婚多少年了？
4. 你上大学多久了？

（四）开放式活动：互动问答

1. 请你跟你的同学谈谈你生活中的一些事，如 “高中毕业”、“上大学”、“学中文”、“认识你的男/女朋友”等。
2. 请你用 “大学毕业”、“结婚”、 “住在……”等问问你的同学他/她父母的故事。

参考文献

戴雪梅，张若莹.《实用汉语语法三百点》. 北京：新世界出版社, 1999.
顾士熙，主编.《现代汉语常用词用法词典》. 北京：中国书籍出版社, 2002.
侯学超，编.《现代汉语虚词词典》. 北京：北京大学出版社, 1998.
黄政澄.《标准汉语教程》. 北京：北京大学出版社, 1998.
黄伯荣.《现代汉语》. 北京：高等教育出版社, 1991.
李德金，程美珍.《外国人实用汉语语法》. 北京：华语教学出版社, 1988.
李临定.《现代汉语疑难词词典》. 北京：商务图书馆, 1999.
李晓琪，主编. 《现代汉语虚词手册》. 北京：北京大学出版社, 2003.
李晓琪.《现代汉语虚词讲义》. 北京：北京大学出版社, 2005.
李忆民.《现代汉语常用词用法词典》. 北京：北京语言学院出版社, 1995.
刘德联，刘晓雨. 《汉语口语常用句式例解》. 北京：北京大学出版社, 2005.
刘月华，潘文娱，故韡.《实用现代汉语语法》(繁体字版). 台北：师大书苑， 1996.
刘月华，潘文娱，故韡.《实用现代汉语语法》（增订版）. 北京：商务印书馆， 2001， 2003， 2004， 2005.
卢福波.《对外汉语常用词语对比例释》. 北京：北京语言文化大学出版社, 2000.
卢福波.《对外汉语教学实用语法》. 北京：北京语言大学出版社年版, 1996.
陆庆和.《实用对外汉语教学语法》. 北京：北京大学出版社, 2005.
李晓琪.《现代汉语虚词讲义》. 北京：北京大学出版社, 2005.
李晓琪. 《现代汉语虚词手册》. 北京：北京大学出版社, 2003.
吕叔湘，主编.《现代汉语八百词》（增订本）. 北京：商务印书馆, 1991, 1994, 1996, 1999, 2001, 2002, 2003.
潘淑敏，胡晓虹，主编.《HSK 词汇讲练(初中等)》. 北京：北京语言大学出版社, 2003.
邵敬敏，主编.《汉语水平考试词典》. 上海：华东师范大学出版社, 2000.
王还，主编.《当代汉英双解词典》. 台湾: 文桥出版社, 1998.
王还，主编.《新编汉英虚词词典》. 北京：华语出版社, 1999.
危东亚, 主编.《汉英词典》修订版. 北京：外语教学与研究出版社, 1998.
杨庆惠，白荃，主编.《对外汉语教学中的语法难点剖析》. 北京：北京师范大学出版社, 1996.
叶德明，主编.《远东生活华语 Book II》. 台北：远东图书公司, 2003.
叶盼云, 吴中伟.《外国人学汉语难点释疑》. 北京：北京语言大学出版社, 1999.
张卫国, 编著.《现代汉语实用语型》. 中国人民大学出版社, 1992.
《汉语8000词词典》. 北京语言大学汉语水平考试中心编. 北京：北京语言大学出版社, 2000.
《现代汉语虚词例释》. 北京大学中文系 1955、1957 级语言班编. 北京：商务印书馆.
《应用汉语词典》. 商务印书馆辞书研究中心.北京：商务印书馆, 2000.
《现代汉语词典》. 中国社会科学院语言研究所词典编辑室. 北京：商务印书馆, 2001.
台湾中央研究院信息所、语言所词库小组. 中央研究院现代汉语平衡语料库.
北京大学汉语语言学研究中心. 现代汉语语料库.

主编： 白建华

副主编：（按姓氏拼音排序）

刘　芳	吴凤涛	姚瑜雯
张和生	张　锦	张美青

参加编写人员：（按姓氏拼音排序）

白建华	曹贤文	陈　彤	陳紋慧	崔海燕
郭荔娟	廖建玲	刘　芳	刘孟君	齐少艳
汝淑媛	王苗苗	王友惠	吴凤涛	楊玉笙
姚瑜雯	詹秀嫻	张和生	张　锦	张美青
朱　波	朱　俐